Ohne Zucker geht es auch!

Ein TCM-Kochbuch
52 Rezepte rund ums Jahr

von
Christiane Falkus

Impressum:

Die Informationen und Anleitungen in diesem Buch wurden sorgfältig von mir geprüft und recherchiert. Dieses Werk ist urheberrechtlich geschützt und jegliche Vervielfältigung, wie zum Beispiel durch Kopieren, Übersetzung, Mikroverfilmung, Einspeicherung in Datenbanken und Einspeicherung in elektronische Systeme, ist ausdrücklich untersagt. Alle sonstigen Rechte bleiben bei der Autorin.

Alle Angaben zu diesem Buch wurden mit größter Sorgfalt erstellt. Dennoch sind Fehler nicht ganz auszuschließen. Die Autorin übernimmt keinerlei juristische Verantwortung oder Haftung für Schäden, die durch eventuell verbliebene Fehler entstehen.

Herausgeberin:

Christiane Falkus
Felderhoferbrücke 2
53809 Ruppichteroth
naturheilpraxis-falkus@email.de
www.naturheilpraxis-falkus.de

Inhalt

Inhalt nach Mahlzeiten

Frühstück/Eierspeisen

Frühstück

Vorspeisen/Snack

Couscous mit Petersilie (34. Woche)

Falafel als Snack (12. Woche)

Garnelen mit Knoblauch in Olivenöl (9. Woche)

Hummus als Brotaufstrich und leckere Beilage (13. Woche)

Suppen/Eintöpfe

Curry-Kurkuma-Suppe mit Herztoast (52. Woche)

Kartoffel-Bohnen-Eintopf (42. Woche)

Käse-Lauch-Suppe (8. Woche)

Kohlrabi-Eintopf mit Liebstöckel (19. Woche)

Kürbis-Karotten-Suppe mit Kürbiskernen und Kürbiskernöl (47. Woche)

Linsensuppe mit Mettwurst (5. Woche)

Rindfleischsuppe (51. Woche)

Salate

Rote-Bete-Salat mit Bratkartoffeln und Feta (46. Woche)

Warmer Sprossensalat mit Glasnudeln (6. Woche)

Hauptspeisen

Aus dem Wok – Tofu mit Zuckerschoten (24. Woche)

Bratreis mit Shrimps und Avocado (36. Woche)

Blumenkohl-Pfanne (23. Woche)

Ein Backblech voller Brokkoli und noch viel mehr (22. Woche)

Gebratene Polentaschnitte mit Pilzen und Tomatensauce (31. Woche)

Gebratener Chicorée (29. Woche)

Gemüsebackblech mit Mais und Feta (43. Woche)

Gemüse-Kartoffel-Backblech mit Rosenkohl (3. Woche)

Gemüse mit Shrimps, Cashewnüssen und Bambus (2. Woche)

Gemüse-Reis-Bratling mit Käse und Knoblauch (21. Woche)

Gemüse-Zwiebel-Pfanne (40. Woche)

Gnocchi mit Bärlauchpesto (14. Woche)

Hähnchen-Curry mit Nektarinen und Zuckerschoten (28. Woche)

Hirsebratling mit Tomatensauce (10. Woche)

Kartoffel-Rösti mit Sauercreme-Dip (25. Woche)

Nudeln mit Pak Choi (7. Woche)

Paprikaauflauf mit Lachs und Garnelen (39. Woche)

Pastinake mit Birne aus dem Ofen mit Minutenschnitzel (11. Woche)

Schwarzwurzeln mit Möhren und grünen Bohnen (45. Woche)

Sellerieschnitzel mit Pilzsauce und Süßkartoffelspalten (50. Woche)

Spaghetti mit Rucola, Kirschtomaten und Balsamicocreme (26. Woche)

Spargel-Quiche (18. Woche)

Spinat mit Kartoffelgratin (15. Woche)

Tomaten-Quiche (33. Woche)

Weißkohl-Pfanne (49. Woche)

Dessert

Gefächerter Apfel mit Haferflocken-Crunch (41. Woche)

Warmer Milchreiskuchen mit Zimt (37. Woche)

Getränke

Ingwer-Kräuter-Gewürztee (48. Woche)

Hallo und vielen Dank an dich für den Erwerb meines Buches.

Mein Name ist Christiane Falkus, ich bin TCM-Therapeutin (TCM steht für Traditionelle Chinesische Medizin), Heilpraktikerin und Diplom-Sportlehrerin und beschäftige mich seit langer Zeit intensiv mit der TCM-Ernährung.

Ich bin Heilpraktikerin in eigener Praxis in Ruppichteroth im schönen Rhein-Sieg-Kreis sowie in einer weiteren Praxis in Bonn und habe als Praxisschwerpunkt die TCM.

Dieses Buch beinhaltet überwiegend vegetarische TCM-Rezepte mit Lebensmitteln rund um das Jahr, also von Anfang Januar bis Ende Dezember (52 Wochen = 52 Rezepte), alle ohne Zucker.

Probiere eine zuckerfreie Zeit aus! Warum?

Zucker lässt den Blutzuckerspiegel sehr rasch ansteigen und bringt den Körper aus dem Gleichgewicht. Zudem macht er süchtig nach noch mehr Zucker – ein Teufelskreislauf beginnt. Zuckerkonsum bewirkt, dass der Körper vermehrt Insulin bildet, was nicht nur den Blutzuckerspiegel rasch ansteigen lässt, sondern auch Zellen wachsen lässt, wie beispielsweise Krebszellen.

Zucker steht in der Verantwortung, Diabetes, hohen Blutdruck, erhöhte Cholesterinwerte und Übergewicht auszulösen.

Das Sättigungssystem des Körpers wird durch die zunehmende Insulinresistenz außer Gefecht gesetzt, sodass ein stetes Hungergefühl die Folge ist.

Zusätzlich folgt eine erhöhte Ausschüttung von Cortisol, dem Stresshormon, das für die Gewichtszunahme mitverantwortlich ist. Eine lang andauernde Cortisolerhöhung kann die Nebennierenrinde schwächen, da sie überlastet ist, sie muss quasi täglich einen Marathon laufen, um so viel Cortisol zu produzieren. Das schafft sie nicht lange.

Zucker bringt die empfindliche Darmflora durcheinander und schwächt somit das Immunsystem, beschleunigt den Alterungsprozess und sorgt für eine schlechte Haut sowie eine instabile Grundstimmung.

Wenn du eine gewisse Zeit ohne industriellen Zucker lebst, empfindest du rasch die natürliche Süße von Früchten und Getreide als ausreichend süß. Dein süßer Geschmack ändert sich.

Dieses Buch berücksichtigt die regionalen Erntezeiten. Es zeigt dir für jede Woche im Kalenderjahr ein Lebensmittel bei

Obst und Gemüse auf, welches frisch und regional im Einkaufsladen erhältlich ist und gerade Saison hat.

Die Angabe 1. Woche steht dabei für die 1. Kalenderwoche eines Jahres.

Auf den jeweiligen Seiten aller Lebensmittel befinden sich mehrere Rezeptfotos als Anregung für dich, es wird pro Woche ein Rezept, das jeweils für 4 Personen vorgesehen ist, ausführlich beschrieben.

Die Zutaten bekommst du in gut sortierten Supermärkten, in Bioläden oder in Asia-Shops.

Ich möchte dir zeigen, dass frisch kochen keinen Küchen-Stress bedeutet, da es wunderbare einfache, schnelle und leichte Rezepte gibt. Du brauchst kein chinesischer Kochprofi sein.

Als TCM-Therapeutin für Frauenheilkunde und berufstätige Dreifachmama weiß ich genau, dass eine frische Mahlzeit für die gesamte Familie wichtig ist, zugleich aber im Alltag nicht zu aufwendig oder kompliziert sein sollte.

Dieses Prinzip habe ich in meinem Buch verfolgt – alltagsnah und praktikabel. Du kannst toll kochen, ohne dich dabei verrückt zu machen und stundenlang in der Küche zu stehen. Du kannst nahezu alle Gerichte, die du nach meinen Rezepten zubereitest, auch in eine Thermobox packen und mit zur Schule oder zur Arbeit nehmen, so hast du noch eine gesunde Zwischenmahlzeit.

In meinem Buch lernst du Nahrungsmittel mit unterschiedlichen thermischen Wirkungen kennen. Zudem erläutere ich dir die weitere Wirkung der genannten Lebensmittel aus Sicht der TCM. Diese finde ich so spannend und vielleicht kann ich dich davon begeistern.

In meinen Rezepten kommen Kräuter zum Einsatz, die wir im Alltag manchmal vergessen, welche aber einen großartigen Geschmack haben, leicht zu verwenden sind und Gerichten einen neuen Pepp bringen, wie zum Beispiel Koriander und Liebstöckel.

Dieses Kochbuch kann keinen Arzt ersetzen, bei Beschwerden rate ich dir, dich in eine schulmedizinische Behandlung zu begeben und die TCM-Ernährung unterstützend einzusetzen.

Gutes Bio-Fleisch habe ich in meiner Nähe lange gesucht und bin in 53809 Ruppichteroth, Zum Fussberg 1, auf "Gut Fussberg", www.gutfussberg.de, kontakt@gutfussberg.de, fündig geworden. Lukas Tölkes und seine Frau betreiben mit Herz und Seele einen Bio-Bauernhof und verkaufen, Rind, Wild und Geflügel aus eigenem Anbau. Im hofeigenen Laden können ebenso Gemüse, Getreide und Co erworben werden.

Viele Infos rund um die TCM und Ernährung findest du auf meiner Homepage www.naturheilpraxis-falkus.de.

Alles Gute und Liebe für dich!

Deine Christiane

Naturheilpraxis Falkus – Praxis für TCM, Frauenheilkunde und Kinderwunsch

Heilpraktikerin, TCM-Therapeutin und Diplom-Sportlehrerin

Praxis Ruppichteroth:
Felderhoferbrücke 2, 53809 Ruppichteroth

Praxis Bonn:
Mechenstrasse 57, 53129 Bonn-Kessenich

www.naturheilpraxis-falkus.de | naturheilpraxis-falkus@email.de

Telefon: 01522-7009793

Facebook www.facebook.com/naturheilpraxisfalkus

Was ist das Milz-Qi und wie kann es gestärkt werden?

In meiner täglichen Praxis erkläre ich sehr oft die Zusammenhänge der TCM-Ernährung mit Körper, Seele und Geist.

In der TCM ist immer wieder von dem Milz-Qi die Rede, da die Milz in der TCM ein wichtiges Basisorgan ist, während ihr in der Schulmedizin keine große Bedeutung zugesprochen wird. In der TCM sprechen wir zudem von dem Funktionskreis Milz. Damit ist nicht die Milz als das anatomische Organ gemeint, das wir aus unserem Bauchraum kennen, sondern die Aufgaben, die sie laut TCM ausführt, wie zum Beispiel die Verdauung und damit die Umwandlung von Nahrung in Qi (Lebensenergie) und Blut.

Die Milz bzw. der Funktionskreis Milz ist in der TCM von elementarer Bedeutung. Jede TCM-Therapie setzt an der Milz an. Ohne ein funktionierendes stabiles Milz-Qi kann es keine Gesundheit geben. Die Milz beeinflusst jedes weitere Organ, denn sie ist der Anfang des Qi-Kreislaufes. Du nimmst mit der Nahrung Qi auf. Dieses Qi kommt als Erstes in Magen und Milz. Ist nun Dein Milz-Qi stabil und in gutem Fluss, kann kein Stau entstehen und die Feuchtigkeit aus der Nahrung gut umgewandelt werden. Geschieht dies aufgrund eines schwachen Milz-Qi nicht, kann sich Feuchtigkeit ansammeln, die sich über eine gewisse Zeit in Schleim verwandelt. Dieser Schleim kann sich zum Beispiel in einem leichten Übergewicht, in einer chronischen Nebenhöhlen-, Blasen- oder Ohrenentzündung, in Durchfall, in Akne und in allgemeiner Infektanfälligkeit zeigen. Die Milz gibt dir Qi – oder auch nicht. Sie ist der Entstehungsort des Qi, die Quelle aller Energie in deinem Körper.

Wenn deine Milz mit einem schwachen Qi ausgestattet ist, kann es sein, dass du sehr müde und erschöpft bist. Vielleicht hast du auch Verdauungsprobleme, da dein Milz-Qi die Nahrung nicht gut umwandeln kann. Die Milz ist verantwortlich für die Verdauung und damit auch ursächlich für Nahrungsmittelintoleranzen.

Aus diesem Grund stärken wir TCM-Therapeuten nahezu bei jeder TCM-Therapie die Milz, denn von ihr hängt die Gesundheit, aber auch die Krankheit ab, egal welches Organ symptomatisch betroffen ist. Wenn das Milz-Qi nicht gut zirkuliert, kommt bei den anderen Organen zu wenig an. Dieses schlecht zirkulierende Qi können wir am Puls tasten und an der Zunge erkennen.

Zur Stärkung der Milz ist es wichtig, schlecht verdaubare, zu kalte und zu rohe Nahrung sowie Zigaretten und häufigen Alkoholgenuss zu reduzieren oder wegzulassen. Dazu gehört das Brot ebenso wie kalte Getränke und kalte Speisen, Kuhmilch, Bananen, Joghurt, Süßigkeiten und Käse. Ein Käsebrot mit einem halben Liter kalter Milch zum Abendessen erschöpft dein Milz-Qi recht schnell.

<u>Merke dir</u>: *Die Milz mag es trocken und warm und sie leidet unter Feuchtigkeit.*

Stärke deine Milz mit neutralen Erdnahrungsmitteln, etwa mit gekochtem Getreide wie Hirse, Gerste, Quinoa, Polenta und Reis sowie gekochtem Gemüse und mehrmals wöchentlich Hülsenfrüchten. Diese Nahrungsmittel stärken und wärmen deine Milz und trocknen die Feuchtigkeit.

Ein schwaches Milz-Qi erkennen wir TCM-Therapeuten nicht nur an Müdigkeit, Energielosigkeit (die Milz ist die Quelle von Qi), Verdauungsproblemen, Nahrungsmittelintoleranzen und Erschöpfung, sondern unter anderem an einem schwachen Händedruck (somit habe ich bereits an der Praxistür bei der Begrüßung meiner neuen Patienten einen ersten Eindruck), einer schlechten Haltung bzw. schlechten Muskulatur (die Milz ist für die Muskulatur verantwortlich), einer zitternden Zunge (dies erklärt sich aus dem Verlauf des

Milz-Meridians, denn die Milz öffnet sich in den Mund), einer nachlassenden Konzentration und Gedankenkreisläufen (die Milz ist verantwortlich für das Denken) und an nicht haltenden Organen, etwa bei Senkungen der Organe wie einem Gebärmuttervorfall, einem Mastdarmvorfall oder Hämorrhoiden (die Milz hält die Organe an ihrem anatomischen Ort).

Auch der Blutmangel, der immer wieder in diesem Buch thematisiert wird, hängt mit einer schwachen Milz zusammen, denn die Milz ist die Quelle von Blut. Damit sind brüchige Nägel, trockene Augen, schnell reißbare trockene Sehnen, schwache Nerven, Anämie und ein schlecht verankerter Geist Shen mit schwachen Nerven und leichten Depressionen auch ursächlich durch ein schwaches Milz-Qi bedingt.

Da die Milz das Blut in den Gefäßen hält, sind weitere mögliche Symptome eines Milz-Qi-Mangels Nasenbluten, Besenreißer oder Menstruationsbeschwerden mit Schmierblutungen.

Zusammenfassung:
Wie kann das wichtige Milz-Qi gestärkt werden?

- Reduziere Rohkost, Käse, Bananen, kalte Getränke, Milchprodukte, Zucker.
- Iss nichts, das Kühlschranktemperatur hat.
- Iss überwiegend warm und gekocht.
- Lasse keine Mahlzeit aus.
- Bewege dich regelmäßig (so gelangt zusätzlich Qi durch die Atmung in deine Lunge)
- Halte einen guten Schlafrhythmus ein (Schichtarbeit schwächt die Milz).
- Schlafe im Winter 8 Stunden, im Sommer 7 Stunden pro Nacht.
- Gehe täglich an die frische Luft.
- Vermeide geistige Über- oder Unterforderung.
- Löse dich von Dingen und Beziehungen, die dich belasten.
- Sorgen belasten die Milz (die Emotion der Milz ist die Sorge).
- Frühstücke zwischen 7 und 9 Uhr.
- Pflege soziale Kontakte.
- Iss am Tisch und ohne Streitthemen.
- Mache, was dir guttut, lasse dein Leben nicht nur aus Pflichten bestehen, schaffe Perfektionismus ab, auch die TCM kann mit Spaß betrachtet werden.

- Gehe zu einem Arzt und TCM-Therapeuten, wenn du zu ausgeprägte und schwere Symptome hast und du dir Sorgen machst.

Ernährung nach der TCM – warm und gekocht für ein Yin und Yang in Balance!

In meiner Beratung ist es mir wichtig, schnelle, leckere, einfache und· gesunde Rezepte weiterzugeben. Ich erkläre, warum tägliche warme und gekochte Mahlzeiten unterstützend für einen geschwächten bzw. energielosen Organismus sind, und beschreibe, warum ein warmes Frühstück dem Körper hilft, gesund zu bleiben.

Insbesondere bei körperlicher oder seelischer Erschöpfung und Kältesyndromen empfehle ich, mehr erwärmende Nahrungsmittel in deinen Speiseplan einbauen. Es ist möglich, dass dir in diesem Fall die warme Kost rund um den Tag gut bekommt. Spür in deinen Körper hinein, was die Kost mit dir macht und wie es dir damit geht.

Schon ein tägliches warmes Frühstück mit gekochten Speisen, etwa mit Getreide – und das nicht nur in der kalten Jahreszeit –gibt dir Energie zurück.

In der warmen Jahreszeit ändert sich die Ernährung nach der TCM deutlich, da der Körper bei warmen Temperaturen im ausgeglichenen Yin/Yang nicht noch zusätzlich gewärmt werden muss. Beachte bitte hierzu die 5-Elemente-Lehre der

TCM. Ein Schaubild zu den 5 Elementen habe ich im ersten Kapitel dieses Buchs als Erklärung abgebildet.

In der TCM ist das warme und gekochte Frühstück die wichtigste Mahlzeit am ganzen Tag. Das richtige Frühstück zur richtigen Zeit lässt das Qi in den Meridiancn ohne Stau fließen. Zwischen 7 und 9 Uhr morgens ist der Magenmeridian am aktivsten und kann das ihm durch die Nahrung angebotene Qi gut verwerten. Verstärke dies noch mit etwas Frühsport, da Sport ebenfalls Qi über die bewusste und verstärkte Atmung in die Lunge pumpt und damit allen Organen und dem gesamten Qi-Kreislauf zur Verfügung steht. Wenn du ausreichend viel (7 bis 8 Stunden im regelmäßigen und gleichmäßigen Schlafrhythmus) geschlafen hast, kann der Tag gut beginnen.

Aber warum sollte das Frühstück warm sein?

Kalte Nahrung muss von deinem Körper erst auf Körpertemperatur gebracht werden. Dies erfordert Energie, wertvolles Qi geht dem Körper verloren und steht ihm für andere bedeutende Funktionen nicht zur Verfügung. Dieses Aufwärmen vor allem von schwer verdaubarer Nahrung wie einem Körnerbrot mit kaltem Quark belastet zudem den Verdauungsapparat.

Mit einem warmen Frühstück stehen dem Körper die volle Energie und das Qi zur Verfügung – eine gute Voraussetzung für Gesundheit, Ausgeglichenheit, Lernfreude und Leistungsfähigkeit und der Tag kann gut beginnen. Das spüren bereits kleine Kinder – sie können nach einem guten warmen Frühstück mit Energie in den Schultag starten.

Zudem: Der Körper kühlt nicht aus. Abwehrkräfte können gesteigert und deine Konzentrationsfähigkeit kann gefördert werden.

Bereits kleine Kinder haben oft dunkle Augenringe, in der TCM ein Zeichen von Milz-Qi-Schwäche. Bereite für dich und deine Familie über einen längeren Zeitraum ein warmes Frühstück zu und beobachte vor allem deine Kinder, wenn du welche hast. Lass sie nicht ohne ein Frühstück aus dem Haus gehen, auch wenn sie keinen Appetit haben. Der fehlende Appetit ist ebenfalls ein Zeichen von einem Milz-Qi-Mangel. Solltest du Appetitlosigkeit, Infektanfälligkeit und Heißhunger auf Süßes bei deinen Kindern bemerken, darfst du gespannt auf die weiteren Informationen in diesem Buch sein.

Neben der warmen Speise in der Früh kann im Sommer etwas Rohkost wie Obst oder Gemüse gereicht werden, dies bitte nicht in rauen Mengen und bei Kühlschranktemperatur, sondern zimmerwarm. Aber natürlich kannst du dein Obst morgens sanft dünsten oder zu einem Kompott verarbeiten, der Körper kann es auf diese Weise gut verwerten.

Ein süßes Frühstück am Morgen schwächt im Sinne der TCM die Milz, was zu einer Schwächung des gesamten Qi-Kreislaufes führen kann. Deshalb sind die Rezepte überwiegend ungesüßt oder nur wenig mit vorzugsweise Honig oder alternativ mit Reissirup oder Dattelsirup (aus dem Bioladen) gesüßt. Auch Mandelmus (aus dem Drogeriemarkt, Supermarkt oder Bioladen) hat einen hohen gesundheitlichen Wert und süßt dezent. Aus diesem Grunde habe ich mein Buch „Ohne Zucker geht es auch" genannt. Die Milz mag den süßen Geschmack: Bereits Muttermilch ist süß, deshalb essen Kinder ebenfalls gerne süß. Aber: Ein Brot mit Marmelade oder Nutella unterstützt kein Kind bei einem energievollen Schulalltag. Der Zucker schwächt die Milz zunehmend, sodass ein konzentriertes Lernen in der Schule erschwert wird. Gute Alternativen wären ein Omelett mit Blaubeeren oder ein Porridge mit Mandelmus und Himbeeren.

Eier, Gemüse, Quinoa und Hirse sowie weitere Getreidesorten sind Erd-Nahrungsmittel, die in der TCM einen hohen Stellenwert für das Frühstück einnehmen, thermisch neutral und echte Powerfoods für das Milz-Qi sind. Sie haben wertvolle Inhalts- und Mineralstoffe sowie Vitamine und

21

schmecken auch den Kids. Getreide dämmt den Süßhunger ein.

Leinöl (im Kühlschrank aufbewahren und nicht erhitzen), Sesam, Sonnenblumen- und Kürbiskerne versorgen dich mit wichtigen Omega-Fettsäuren. Auch die Avocado hat einen hohen Stellenwert in der Ernährung und hilft innerlich oder äußerlich angewendet bei so manchem Ekzem wie Neurodermitis. Baue regelmäßig Avocado in deinen Speiseplan ein.

Milch hat eine schleimende Wirkung nach der TCM und schwächt, deshalb verwende ich in meinen Rezepten Pflanzenmilch, in Deutschland als „Drink" bezeichnet. Ich bevorzuge Reis- oder Mandeldrink, aber natürlich kannst du auch Dinkeldrink, Haferdrink oder einen anderen Pflanzendrink verwenden. Wer es mag, kann seine Speisen in der Pfanne mit Kokosnussöl oder Ghee zubereiten.

Kraftsuppen (Huhn, Gemüse- oder Rinderbrühe) haben eine hohe Bedeutung in der TCM und können an einem freien Tag auf Vorrat zubereitet werden. Die Essenz hält sich im Kühlschrank einige Tage und kann morgens mit Hirse, Reis oder Dinkelnudeln ergänzt werden. I love it!

Ich persönlich liebe Suppe am Morgen. Die Essenzen werden aus frischen Gemüsezutaten (grob und mit Schale geschnitten) und einem zerkleinerten Bio-Suppenhuhn sowie Knoblauch, Zwiebeln, Ingwer und Kräutern 8 Stunden gekocht (ja, deshalb brauchst du dafür einen freien Tag) und danach abgeseiht und eingemacht. So hast du morgens eine Essenz zur Verfügung, die nach Wahl mit gedünstetem Pak Choi oder anderem Gemüse serviert werden kann. Wenn du ungern frühstückst, kannst du zunächst mit einer Essenz ohne Einlage (Gemüse, Nudeln ...) beginnen.

Diese Essenzen tun älter werdenden Menschen gut, sofern sie an einem Schwächezustand leiden. Auch nach zehrenden Krankheiten helfen sie, das Milz-Qi wieder aufzubauen.

Ich stelle nun Vermutungen an: Du wirst sehen, dass du dich nach einer Weile mit der umgestellten Kochart energetisch besser, ausgeglichener und widerstandsfähiger fühlst. Du wirst weniger Brot essen (Brot wirkt Feuchtigkeit bildend) und fühlst dich durch die warme Kost weniger beschwert und länger gesättigt, die Verdauung wird optimiert.

Du wirst durch die warme Kost nicht an Gewicht zunehmen, wenn du viel wertvolles Gemüse in deinen Speiseplan einbaust. Die warme Kost rund um den Tag unterstützt dich energetisch bei einer geringen Gewichtsabnahme, wenn du die passenden warmen Gerichte auswählst – eine Avocado ist gehaltvoller als ein Chicorée.

Du benötigst keine exotischen Zutaten für die TCM-Ernährung, die Zutaten der heimischen Küche eignen sich ausgezeichnet für die Ernährung nach der TCM. Du benötigst keine speziellen Kochgefäße.

Die Portionsgröße ist normal, nicht zu viel und nicht zu wenig. Lasse keine Mahlzeit aus, dies schwächt dein Milz-Qi. Das Qi aus der Nahrung sollte regelmäßig fließen.

Zum Trinken eignet sich morgens ein warmer Kräuter-, Früchte- oder Maishaartee.

Ich werde oft von Patienten gefragt, wie man das warme Frühstück mit Beruf, Familie und der hektischen Zeit am Morgen verbinden kann. Viele Menschen sehen diese Fragen als großes Hindernis und es fehlt ihnen an Rezeptideen.

Ich stelle dir in meinem Buch Rezepte vor, die schnell zuzubereiten sind und der ganzen Familie schmecken. Diese Rezeptideen können oftmals am Vortag vorbereitet werden und eignen sich für zwei Mahlzeiten an zwei hintereinanderliegenden Tagen, sodass der Kochaufwand geringer ausfällt. Denn: Viele Menschen stehen ungern länger als nötig am Herd.

Suche dir die Gerichte aus, an die du dich morgens langsam herantasten magst, wenn du das warme Frühstück noch nicht gewöhnt bist. Ein Toast mit Avocado, Spiegelei und

Leinöl oder ein Hirsebrei mit Obst ist ein leichter Einstieg. Herzhafte Frühstücksspeisen mit Gemüse oder Suppen können nach einer Eingewöhnungszeit zugefügt werden. Wenn du dich an das warme Frühstück herangetastet hast, werde kreativ und packe dir das Gekochte in eine Thermobox für die Arbeit oder den Kids für die Schule ein! Die Waren jedes Bäckers wirken langweilig gegen dein tolles Essen in der Thermobox!

Die Vielfalt an Gemüse ist wertvoll, futtere dich wöchentlich einmal quer durch die Gemüseabteilung, nimm alle Farben der Gemüsesorten mit, so bist du gut versorgt! Kaufe am besten in Bio-Qualität oder wähle das Gemüse aus dem eigenen Garten. Und habe keine Sorge: Auch Kinder mögen ein warmes Frühstück. Ein Dinkelpfannekuchen mit Apfel und Zimt am Morgen ist für viele Kids ein Hit. Hab Geduld mit deiner Familie, die Umgewöhnung kostet Zeit und Geduld.

Bereite das Frühstück bereits am Abend frisch vor und wärme es am Morgen wieder auf dem Herd auf, etwa den Quinoa-Brei. Die Mikrowelle wird in der TCM nicht benutzt, da sie das Qi der Nahrungsmittel zerstört. Dies gilt ebenfalls für die Tiefkühltruhe, die ich zusammen mit meiner Mikrowelle vor 8 Jahren verschenkt habe. Ich habe beides seitdem nicht einen Tag vermisst.

Einige Tipps zur Zeitersparnis

Wenn du morgens sehr knapp in der Zeit bist, wähle die Rezepte aus, die sehr schnell zuzubereiten sind, wie zum Beispiel ein Omelett oder ein Pfannekuchen. Diese Gerichte kosten kaum mehr Zeit, als ein Brot zu schmieren. Eine Küchenmaschine erleichtert dir zusätzlich die Arbeit. Du kannst duschen gehen, während dir dein Thermomix den Milchreis für das Frühstück bereitet. Vieles kannst du gartenfrisch einmachen und morgens erwärmen. Koche die doppelte Menge, so hast du eine zweite Mahlzeit für den nächsten Tag zur Verfügung. Und habe Geduld mit dir. Viel Vergnügen mit dem Entdecken der TCM-Ernährung – eine spannende Zeit wartet auf dich!

Die 5 Elemente in der Zuordnung

Jahreszeit	Frühling	Sommer	Spät-sommer	Herbst	Winter
Elemente	Holz	Feuer	Erde	Metall	Wasser
Tageszeit	Morgen	Mittag	Nach-mittag	Abend	Nacht
Yin-Organe	Leber	Herz	Milz/Pankreas	Lunge	Niere
Yang-Organe	Gallen-blase	Dünndarm	Magen	Dickdarm	Blase
Geschmack	sauer	bitter	süß	scharf	Salzig
Farbe	grün	rot	gelb	weiß	Blau
Gefühl	Ärger, Wut	Freude	Mitleid, Sorge	Trauer	Angst, Furcht
Wirkung	Bewahrt die Säfte	Trocknet aus	Befeuch-tet, entspannt	Löst Stagnation	Erweicht
Wirkung	Zieht zusammen	Leitet nach unten	Baut Qi auf, verteilt	Leitet nach oben	Leitet nach unten
Bioklimatischer Faktor	Wind	Hitze	Feuchtig-keit	Trocken-heit	Kälte

So wird die Tabelle richtig gelesen (am Beispiel Frühling):

27

Im Frühling wird viel grünes Gemüse empfohlen, das die Leber stärkt und die Körpersäfte bewahrt. Der Geschmack sauer sollte zur Stärkung des Organs genutzt werden, etwa ein Spritzer Zitrone auf ein Gericht (nicht zu viel, sonst wirkt der saure Geschmack gegenteilig). Im Frühling (Holz-Element) überwiegt bei vielen Menschen das Gefühl Ärger und Wut. Bitte im Frühling vor dem Wind schützen.

Die thermische Wirkung der Nahrungsmittel

Diese thermisch heißen Nahrungsmittel schützen dich vor Kälte:

Empfehlenswert ist es rund ums Jahr, sich hauptsächlich mit den Nahrungsmitteln der erwärmenden, neutralen und abkühlenden thermischen Wirkung zu ernähren. Die thermisch heißen sowie kalten Nahrungsmittel sollten Randgebiete bleiben. Diese Nahrungsmittel halten das Yin und Yang in Balance und sorgen für einen ausgeglichenen Temperaturhaushalt, zudem vermögen sie die Milz zu stärken.

Allerdings ernähren sich viele Menschen mit thermisch heißen Nahrungsmitteln. Dazu gehören die Gewürze Pfeffer, Chili, Curry, Nelke, Sternanis, Muskat und Zimt. Zudem Schnaps (deshalb wird dir nach einem Schnaps so warm, er heizt das Verdauungsfeuer an) und Glühwein (deshalb trinken wir ihn auf dem Weihnachtsmarkt), Fenchel, Lamm und gegrilltes Fleisch aller Art. Diese Nahrungsmittel beugen einem Yang-Mangel vor.

In meiner täglichen Praxis begegnen mir immer wieder Grillfans, die rund um das Jahr dem Grillen frönen und sich damit bis zum Yin-Mangel einheizen. Nach dem Motto „Manche mögen's heiß" lieben sie die Schärfe durch Chili, Pfeffer und Co auf dem täglichen Speiseplan und kommen ohne Frittiertes (ebenfalls thermisch heiß) nicht aus. Das Gleichklang liebende Yin und Yang gerät durch das einseitige System aus der Balance. Durch das Zuviel an Hitze können gesundheitliche Störungen entstehen.

Aus der Hitze entsteht leicht ein Yin-Mangel (ausreichend Yin schützt dich vor Hitze, ein Teufelskreislauf beginnt) mit den Symptomen

- Schlafstörungen
- Nachtschweiß
- innere Hitze mit Unruhe und Nervosität
- Schwindel
- Stress
- trockener Mund
- Durst

Ein Grillabend mit scharfem Fleisch, Pommes, Zigaretten und Schnaps sollte demnach vermieden werden.

Diese thermisch warmen Nahrungsmittel steigern deine Aktivität:

Gewürze wie Knoblauch, Ingwer, Rosmarin, Kurkuma, Thymian, Wacholder, Majoran. Auch Koriander, Petersilie, Feta, Süßkartoffel, Fenchel, Kürbis, Rosinen, Kokosmilch, Walnüsse, Zwiebel, Lauch, Geflügel, viele Fischarten wie Lachs, Kabeljau und Garnelen gehören dazu.

In der kälteren Jahreszeit sollte der Anteil dieser Nahrungsmittel gegenüber der wärmeren Zeit erhöht werden.

Gehörst du zu den Büro-Schreibtischtätern und sitzt jeden Tag vor dem Bildschirm? Dann erzeugst du wenig Wärme durch Bewegung und Reibung und benötigst dementsprechend einen höheren Anteil an warmen Lebensmitteln in deinem täglichen Speiseplan. Für Frauen gilt dies umso mehr.

Nach einem richtig kalten Tag ist eine warme Gemüsesuppe etwas Gutes, denn sie erhält deine innere Wärme und die Funktionalität deiner Organe. Begehe im Winter nicht den Fehler und iss und trinke alles in Kühlschranktemperatur. Der Magen fühlt sich an, als würde ein kalter Klumpen darin verweilen. Und es fühlt sich nicht nur so an, es ist auch so. Das Milz- und Magen-Qi wird durch die kalten Speisen und

Getränke so geschwächt, dass Nahrungsmittel regelrecht liegen bleiben. Dies nennen wir in der TCM eine Nahrungsmittelstagnation. Der Organismus wird verlangsamt, alles liegt etwas brach. Der Stoffwechsel erlahmt.

Da Frauen von Geburt an weniger Qi als Männer haben, ist ihnen tendenziell eher kalt als dem männlichen Geschlecht. Frauen ist es abzuraten, bei kalten Temperaturen abkühlenden Salat zu essen: Das verstärkt die Kälte. Bei innerer Kälte empfehle ich zwei bis drei warme Mahlzeiten täglich, um den Körper schön auf Temperatur zu halten.

Frauen sind wegen ihrer Periode etwa 30 bis 35 Jahre lang mit der Blutproduktion beschäftigt. Das kostet Monat für Monat Qi (Energie) und Yang (Wärme), was durch die Nahrung mit ausreichender Wärme und regelmäßiger Bewegung wieder zugeführt werden sollte. Uns Frauen kann naturgemäß nicht so warm sein wie Männern, die weniger mit der Blutproduktion beschäftigt sind. Frauen vertragen Grillabende viel besser als Männer. Männer haben weniger Körpersäfte zur Verfügung, deshalb leiden sie eher an Hitze und laufen auch im Winter ohne dicke Jacke draußen herum. Männern ist in diesem Fall vom täglichen scharf angebratenen Fleisch abzuraten, um ihren Temperaturhaushalt nicht mit zu viel Hitze zu strapazieren.

Solltest du jedoch einen Überschuss an Yang haben, was sich daran zeigen könnte, dass dir oft heiß ist oder du gar an Hitzewallungen leidest, solltest du beispielsweise nicht übermäßig viel Ingwertee trinken, nur weil es gesund sein könnte. Das könnte die Hitze verstärken. Gewürze haben oft eine warme oder heiße Wirkung. Solltest du ein Hitzetyp sein, innerlich unruhig sowie eher zornig sein und zu Entzündungen neigen (dies könnten Symptome von Hitze sein), gehe eher sparsam mit erhitzenden Kräutern und Gewürzen um und greife lieber auf thermisch neutrale oder sanft abkühlende Lebensmittel zurück. Lasse dich von einem Arzt und unterstützend von einem TCM-Therapeuten vor Ort persönlich beraten, wenn du an einer Symptomstörung leidest, die behandlungsbedürftig ist. Die TCM-Ernährung kann keine notwendige Behandlung ersetzen.

Diese thermisch neutralen Nahrungsmittel liefern Qi:

Getreide wie Hirse und Mais, Erbsen, Kohl, Möhren, Rüben, Bohnen, Kalb, Rind, Eier, Honig, Mandeln, Sesam, Feigen, Datteln, Süßholztee und Linsen.

Insbesondere Nahrungsmittel mit einem süßen Geschmack wie Getreide bauen das Qi auf und wirken ausgleichend auf die Organe. Diese Nahrungsmittel sollten vermehrt auf dem Speiseplan stehen.

Getreide hat den großen Vorteil, dass es uns lange satt hält und Gelüste nach Süßem reduziert. Wenn du ein Schokoholic bist, solltest du dir öfter einen Hirsebrei mit Feigen oder Datteln zubereiten. Tägliches Getreide gibt dir Energie und balanciert sanft einen Mangel oder einen Überschuss an Energie und Körpersäften aus.

Und: Getreide macht dich sanftmütig. Durch die Energie und den Ausgleich zwischen Yin und Yang wirst du entspannter und ruhiger.

Der westliche Lebensstil mit Bewegungsmangel, täglichen emotionalen Achterbahnfahrten (etwa durch Mobbing, Berufsverkehr), Fast Food und zu kalter Nahrung verursachen immer mehr giftig wirkende Ablagerungen in uns, die zur Leber-Qi-Stagnation führen. Keine guten Voraussetzungen für ein friedliches Leben ohne Wut, Zorn und Empfindlichkeit und für einen starken sowie kreativen Geist. Getreide unterstützt beim Ausscheiden der Schlackenstoffe.

Rindfleisch vermag dir ebenfalls Energie durch Qi zu liefern, schmore es sanft.

Rohkost lässt dein Milz-Qi erlahmen und führt zu innerer Kälte, ich habe es im vorherigen Kapitel bereits erklärt. Nimm Rohkost und Smoothies von daher bevorzugt nur in der warmen Jahreszeit und eher selten zu dir. Ich empfehle Rohkost beispielsweise begleitend zu einer Suppe zu essen.

Thermisch erfrischende Nahrungsmittel tonisieren Blut

Die Voraussetzung für das Tonisieren von Blut ist eine gute Milz-Qi-Energie, weshalb das Getreide aus der Gruppe der thermisch neutralen Nahrungsmittel an Bedeutung gewinnt. Säfte werden vermehrt mit erfrischenden Nahrungsmitteln aufgebaut.

Das Tonisieren von Blut bezeichnet den Aufbau von Blut, Körpersäften und Substanz. Solltest du an einem Blutmangel leiden (du erkennst es an trockenen Augen, trockenen Haaren, trockenen Sehnen, die schnell reißen, und trockener Haut sowie einer emotionalen Empfindlichkeit) wäre eine Auswahl an neutral wirkenden und gekochten erfrischenden Lebensmitteln optimal. In der kälteren Jahreszeit solltest du eher zu den wärmenden Nahrungsmitteln greifen, um innere Kälte und ein Erlahmen des Stoffwechsels zu vermeiden.

Damit es nicht zur inneren Kälte kommt, empfehle ich, die erfrischenden Nahrungsmittel nicht als Rohkost zu essen, sondern beispielsweise einem gekochten Apfelkompott, einem Dinkelpfannkuchen mit Blaubeeren oder einem Gemüseauflauf mit Aubergine, Brokkoli, Blumenkohl und Mangold den Vortritt zu lassen. Damit baust du deine

Körpersäfte auf und erreichst eine innere Wärme sowie eine Funktionalität der Organe.

Zu den erfrischenden Lebensmitteln zählen Äpfel, Heidelbeeren, Johannisbeeren, Hagebuttentee, Roggen, Artischocken, Chicorée, Rote Bete, Pastinake, Löwenzahn, Endiviensalat, Salbei, Avocado, Aubergine, Blumenkohl, Brokkoli, Mangold, Spinat, Champignon, Chinakohl, Schwarzwurzel, Paprika, Birne, Tofu, Zucchini, Honigmelone, Kichererbsen, Kohlrabi und Reis.

Thermisch kalte Nahrungsmittel schützen vor Hitze

... und sind demzufolge für die sehr warme Jahreszeit zur Abkühlung geeignet.

Zu diesen Nahrungsmitteln zählen schwarzer und grüner Tee, Frauenmanteltee, Schafgarbentee, Banane, Mango, Wassermelone, Gurke, Tomate, Algen, Salz, Mineralwasser, Ananas, Kiwi, Zitrone und Joghurt.

In Ländern mit heißem Klima sind die Nahrungsmittel ein Teil des täglichen Speiseplans. In unseren gemäßigten Breiten machen sie naturgemäß nur in wenigen Wochen und nur in geringer Menge im Jahr Sinn, um den Körper vor Yang-Fülle durch zu viel Hitze zu schützen. Diese kalten Nahrungsmittel wirken schnell auf unseren Körper und dringen mit ihrer Kälte tief in ihn hinein. Wir kennen es vom eiskalten Bauch nach einem Eis. Essen wir zu viel von dem kalten Eis oder essen wir im Sommer überwiegend zu kalt, kann es zur Verdauungsschwäche kommen. Essen wir im Sommer täglich Salat, Südfrüchte, trinken eisgekühlte Getränke und lassen warme Mahlzeiten aus, belastet das unsere Nieren. Die Nieren müssen aufgrund der Verdauungsschwäche verstärkt Energie und Wärme produzieren bzw. geben Wärme (Yang) ab. Dies kann zu einem Nieren-Yang-Mangel mit den folgenden

39

Symptomen führen: kalter unterer Rücken, kalte Hände und sexuelle Unlust.

Der Temperaturunterschied zwischen dem eiskalten Getränk und unserer Körpertemperatur ist einfach zu groß. Das schwächt unsere Energie und unser Verdauungsfeuer. Innere Kälte dringt in unseren Körper und kann zu gesundheitlichen Problemen führen.

Deshalb trinken die Menschen in der Türkei oder in Marokko thermisch kalte Nahrungsmittel wie schwarzen Tee, diese kühlen ab, ohne auszukühlen.

Ich rate auch im Sommer dazu, nicht zu kalt zu essen und zu trinken und die Milz-Energie immer wieder mit neutralen oder gekochten erfrischenden Speisen aufzubauen und aufrechtzuerhalten.

Im Sommer gilt es, das Yang für den Herbst und Winter zu sammeln und zu speichern. Gelingt uns das nicht, sind wir in der kälteren Jahreszeit anfälliger für Infekte und Müdigkeit. Diese energetische Schwäche der Körpermitte macht uns anfällig für Übergewicht. Das Verdauungsfeuer und der mittlere Erwärmer (ein Meridian in unserem Körper) werden durch eiskalte Getränke und Nahrung so stark herabgekühlt, dass es zu einer bereits zuvor beschriebenen Nahrungsstagnation kommt. Das Milz-Qi ist zu schwach, liegen gebliebene Nahrung abzutransportieren, sie wird zu Schleim und damit zu den berühmten Kilos um die Hüften.

1. Woche: Eier

Omelette auf 4 verschiedene Arten

4 EL	Sonnenblumenöl oder Olivenöl
5	Eier
5 EL	Reismilch oder nach Bedarf
	Dinkelmehl 630
je 1 EL	Petersilie, frisch gehackt
	Schnittlauch, frisch gehackt
	Blätter Basilikum
	Dill
	Currypulver
50 g	Mozzarella
je etwas	Pilze (5 Stück)

Blaubeeren
Honig
Sesam
geräucherter Lachs (3 Scheiben)
Creme fraîche
Kirschtomaten
Avocado
Apfel
Feta (5 Streifen)
Salz und Pfeffer, frisch gemahlen

Die Herdplatte auf kleine Stufe schalten. Die Eier mit Pflanzenmilch und etwas Dinkelmehl 630 sowie Salz und Pfeffer verquirlen und die Mischung in die Pfanne gießen.

In eine Portion Omeletteig (eine Kelle) gewaschene Blaubeeren, etwas Sesam und Honig geben und ausbacken. Pfanne säubern.

In die zweite Portion Omeletteig 3 Scheiben geräucherten Lachs, einige Avocadospalten, Kirschtomaten, Creme fraîche und Schnittlauch geben und ausbacken. Pfanne säubern.

In die dritte Portion Omeletteig geschnittene Apfelscheiben, 5 geschnittene Champignons, 5 Fetastreifen und Petersilie geben. Mit Curry würzen. Ausbacken. Pfanne säubern.

In die vierte Portion Omeletteig Zucchiniwürfel, Kirschtomaten, etwas Mozzarella und Dill geben. Pfeffern und salzen.

43

Eier unterstützen die Organe Magen und Milz und stärken damit die Mitte und nähren das Blut. Hilfreich unterstützend bei Symptomen von Blutmangel, wie Schwäche, brüchige Nägel, trockene Augen und Haare, trockene schwache Sehnen, schwache Nerven, Lichtempfindlichkeit, Schreckhaftigkeit und Sensibilität. Das Eigelb wirkt auf das Herz-Qi. Thermische Wirkung: neutral. Nicht täglich Eier essen, da diese nach der TCM Feuchtigkeit bilden und damit den Verdauungsapparat belasten.

2. Woche: Bambus

Gemüse mit Shrimps, Cashewnüssen und Bambus

125 g – 175 g	Basmatireis
2 große	Karotten
150 g	Bambusstreifen (aus dem Glas)
2	Frühlingszwiebeln, geschnitten
200 g	Shrimps
1 mittlere	Zucchini
1	rote Paprika
1 Handvoll	Sojasprossen und Pilze nach Wahl
250 g	Cashewnüsse

2 EL	Sesamöl
2 EL	gelbe Currypaste
	Sojasauce
250 ml	Kokosmilch
	etwas Zitronengras
	Curry oder Kurkuma, Salz, Pfeffer
1/2-Stange	Lauch

Reis in kochendem Salzwasser etwa 25 Minuten ausquellen lassen. Bambus abtropfen, Lauch, Möhren, Zucchini, Pilze und Paprika putzen und waschen. Alles klein schneiden.

Sesamöl in einem Wok oder einer großen Pfanne erhitzen. Die Garnelen, Cashewnüsse, Knoblauchzehe und Frühlingszwiebeln darin andünsten. Mit dem zugegebenen Gemüse, den Sprossen und den Bambusstreifen etwa 3 Minuten dünsten. Gelbe Currypaste, Kokosmilch, Sojasauce und auf Wunsch Sambal Oelek verrühren. Mit Curry oder Kurkuma, Salz, Pfeffer und Zitronengras abschmecken.

Mit dem Reis genießen.

Bambussprossen unterstützen die Verdauung sowie das Bindegewebe und die Knochen und stärken den Magen.

3. Woche: Rosenkohl

Gemüse-Kartoffel-Backblech mit Rosenkohl

1	kleiner Blumenkohl
1	kleiner Brokkoli
1 große	rote Paprika
150 g	grüne Bohnen
1/2-Netz	Rosenkohl
8 mittlere	Kartoffeln (vorwiegend fest kochend)
2 große	Knoblauchzehen
nach Bedarf	Salz, Pfeffer, Kreuzkümmel, Chili, Koriander, Curry
nach Bedarf	Olivenöl, Sojasauce, Bio-Zitrone, 200 g Feta, 1 EL Honig

Kartoffeln in Spalten schneiden, Brokkoli und Blumenkohl in Röschen teilen, Paprika in Stücke schneiden, Rosenkohl von den äußeren Blättern befreien, grüne Bohnen schnippeln. Alles waschen und auf einem mit Backpapier ausgelegten Backblech verteilen. Je nach Geschmack mit Salz, Pfeffer, Chili, Kreuzkümmel, Koriander und Curry würzen. Ausreichend Olivenöl, etwas Sojasauce und einige Spritzer Bio-Zitrone auf das Gemüse verteilen. Wer mag, kann etwas Feta und ein wenig Honig dazugeben. Mit Alufolie abdecken. Für ca. 35 bis 40 Minuten in den auf 180 Grad vorgeheizten Backofen auf mittlerer Einschubhöhe schieben. Das Gemüse sollte noch bissfest sein.

Die Wirkung nach der TCM von Rosenkohl wird als wärmend, milz- und magen-, leber-, herz- und immunsystemstärkend, Qi aufbauend (zum Beispiel bei energetischer Schwäche und Konzentrationsmangel), Blut aufbauend (zum Beispiel bei trockenen Haaren und trockenen Nägeln), Feuchtigkeit ausleitend (zum Beispiel bei leichtem Übergewicht) und Herzblut nährend (zum Beispiel bei nervöser Unruhe) beschrieben.

4. Woche: Pilze

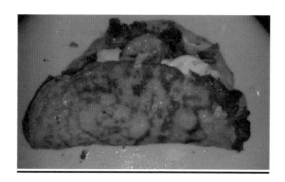

Pfannekuchen mit Pilzen

4	Bio-Eier
ca. 800 ml	Reismilch
nach Bedarf	Dinkelmehl 630, ca. 500 g
Butter	zum Einfetten der Pfanne
250 g	Champignons (braun oder weiß)
250 g	Kirschtomaten
250 g	Brokkoli
100 g	Artischocken
200 g	Mozzarella
	Kräutersalz, Curry Pfeffer

Pro Person je ein Ei mit einer Prise Kräutersalz sowie Curry und Pfeffer und ca. 200 ml Reismilch und so viel Dinkelmehl

630 verquirlen, dass ein sämiger Teig entsteht (der Teig sollte nicht zu dünn sein).

Den Pfannekuchenteig in eine gefettete und erhitzte Pfanne geben. In den Pfannekuchen Champignons sowie Mozzarella, Kirschtomaten, Artischocken und Brokkoliröschen geben oder einfach die Gemüsereste vom Vortag. Ausbacken bei mittlerer Hitze und wenden.

Pilze haben in der TCM eine große Bedeutung als Heilpilze.

Champignons (die im Rezept verwendet werden) haben eine thermisch erfrischende Wirkung auf den Organismus.

5. Woche: Linsen

Linsensuppe mit Mettwurst

200 g	Linsen (braune Linsen)
300 g	Kartoffeln
100 g	Möhren
100 g	Knollensellerie
100 g	Lauch
1000 ml	Gemüsebrühe
	Mettwurst
1 EL	Butter
3 EL	Balsamico bianco
	glatte Petersilie oder Schnittlauch

Möhre, Sellerie und Lauch in kleine Würfel schneiden. Die Kartoffeln in sehr kleine Würfel schneiden.

Die Linsen waschen, abtropfen lassen und mit der Gemüsebrühe 30 Minuten köcheln lassen.

In einem zweiten Topf die Butter schmelzen und das Gemüse mit den Kartoffeln kurz anschwitzen. Mit Gemüsebrühe ablöschen und 5 Minuten köcheln lassen. Die Linsen dazugeben und alles gut mischen. Mit Essig abschmecken.

Petersilie oder Schnittlauch fein hacken und zur Suppe geben.

Linsen werden in der TCM eine stärkende Wirkung auf die Nieren und die Milz nachgesagt. Ich empfehle eine Verzehrung zwei- bis dreimal wöchentlich.

In ihrer thermischen Wirkung sind Hülsenfrüchte neutral bis leicht wärmend.

6. Woche: Sprossen

Warmer Sprossensalat mit Glasnudeln

100 g	Glasnudeln
1 große	Zwiebel
$^1/_2$ Glas	Sprossen (Mungobohnenkeimlinge)
2	Karotten
½	Chinakohl
1	Chilischote, rot
2 EL	Mangochutney
	Erdnussöl oder Sesamöl
	Sojasauce

Karotten schälen und länglich in dünne Scheiben schneiden. Die Chilischote klein hacken, die Zwiebeln in kleine Stücke schneiden, den Chinakohl in Streifen schneiden, den halben Inhalt des Glases mit den Mungobohnenkeimlingen abtropfen lassen.

Erdnussöl oder Sesamöl im Wok erhitzen. Die Karottenscheiben, Chilistückchen, Zwiebeln, Bambussprossen und Mungobohnenkeimlinge in den Wok geben. Etwa 15 Minuten dünsten.

Die Glasnudeln ein paar Minuten in einer Schüssel mit heißem Wasser ziehen lassen, die Nudeln in den Wok zugeben und mit Meersalz, frischem Pfeffer, Curry und Kreuzkümmel würzen. Mit Sojasauce und Mangochutney abschmecken und weitere 3 Minuten dünsten!

Keimsprossen können dem energielosen Körper nach dem langen Winter zu einem Energieschub verhelfen. Sprossen und Keimlinge sind eine einfache Art, Vitamine zu tanken. Zur Auswahl stehen: Mungobohnen, Radieschensamen, Rettich, Alfalfa, Azukibohnen, Rucola, Leinsamen, Soja (Tofu ist okay, von Sojamilch rate ich wegen der Östrogenbelastung ab), Kresse, Linsen und Kichererbsen.

Sprossen gehören nach den 5 Elementen zum Holz-Element, werden dem Frühjahr und der Farbe Grün sowie dem sauren Geschmack (milchsauer) zugeordnet. Sie wirken zusammenziehend und erhalten die Körpersäfte.

Sprossen wirken thermisch erfrischend, was den Holz-Organen Leber und Gallenblase gut bekommt, da insbesondere diese Organe bevorzugt unter Hitze und Säftemangel (Leber-Blut-Mangel) leiden.

7. Woche: Pak Choi

Nudeln mit Pak Choi

200 g	Mie-Nudeln
400 g	Pak Choi
1	rote Paprikaschote
4	Lauchzwiebeln
2	Knoblauchzehen
	Sesamöl zum Braten
etwas	Ingwer, geschält und gerieben
	Chilischoten, ohne Kerne, je nach Schärfe und Geschmack
1 EL	Currypaste, gelb, Menge nach Geschmack
$^1/_2$ TL	Kurkuma
etwas	Sojasauce

etwas Honig
150 ml Kokosmilch
etwas Limettensaft

Die Mie-Nudeln nach Packungsanweisung bissfest garen, gut abtropfen lassen.

Den Pak Choi putzen, den Strunk entfernen und die einzelnen Blätter lösen und waschen. Den weißen Stiel in dünne Streifen schneiden, das Grüne in breitere Streifen. Die Paprikaschote waschen, halbieren, Stängelansatz, Kerne und weiße Zwischenwände entfernen. Die Paprikahälften würfeln. Die Lauchzwiebeln putzen, waschen und in Ringe schneiden. Die Knoblauchzehen schälen und fein würfeln.

Das Sesamöl in einer Pfanne erhitzen. Die Pak-Choi-Stiele und die Paprika anbraten. Lauchzwiebeln, Knoblauch, Ingwer, Chili und die Gewürze zugeben, kurz mitdünsten und mit der Kokosmilch ablöschen. 3 bis 5 Minuten köcheln lassen. Das Grüne vom Pak Choi zugeben, untermischen und kurz ziehen lassen.

In einer zweiten Pfanne die Nudeln anbraten, zu der Gemüsemischung geben und mit Sojasauce und Limettensaft abschmecken.

Pak Choi wirkt nach der TCM wärmend und stärkt die Lunge sowie den Magen. Es unterstützt den

61

Körper bei entschleimenden Prozessen (zum Beispiel bei Husten mit Schleim).

Es wirkt zudem Qi-bewegend.

8. Woche: Lauch

Käse-Lauch-Suppe

400 g	Rinder-Hackfleisch
3 Stangen	Lauch
250 g	Schmelzkäse
1 Becher	Crème fraîche legere mit Kräutern
1 Würfel	Bio-Gemüsebrühe (ich mache das Brühpulver selber und frisch im Thermomix)
700 ml	Wasser
	Salz und Pfeffer aus der Mühle
3 EL	Öl
	Salz, Pfeffer, Muskat
	frische Petersilie
1 große	Knoblauchzehe
1 große	Zwiebel

Öl in einen großen Topf geben. Das Hackfleisch mit Knoblauch und Zwiebeln von allen Seiten anbraten und mit Salz und Pfeffer würzen. Den Lauch in kleine Ringe schneiden und zum Hackfleisch geben. Ca. 5 Minuten mit anbraten. Das Wasser zugießen, Brühwürfel hineingeben und alles ca. 10 Minuten auf kleiner Flamme köcheln lassen. Den Schmelzkäse einrühren und schmelzen lassen. Crème fraîche einrühren und noch einmal kurz aufkochen lassen. Die Suppe mit Salz, Pfeffer und Muskat abschmecken. Mit Petersilie bestreuen. Mit Baguette oder Bauernbrot servieren.

Lauch gehört zu den thermisch warmen Nahrungsmitteln und unterstützt das Yang. Ein Zuviel dieses erwärmenden Nahrungsmittels kann zu einer Yang-Fülle mit Hitzesymptomen führen.

9. Woche: Garnelen

Garnelen mit Knoblauch in Olivenöl

600 g	Garnelen (nicht zu kleine)
400 ml	Olivenöl
4	Knoblauchzehen
	Salz, Pfeffer, Chili
2	Baguettes

Das Olivenöl in einer Pfanne erhitzen, die Chilischoten sowie den Knoblauch hinzufügen und nach kurzer Zeit die Garnelen hineingeben. Salzen und pfeffern. Baguette dazureichen.

10. Woche: Hirse

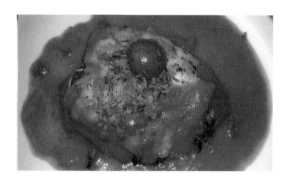

Hirsebratling mit Tomatensauce

250 g	Hirse
650 ml	Gemüsebrühe
4 EL	Semmelbrösel (selber im Thermomix gemahlen)
1 großes oder 2 kleine	Ei(er)
4 Scheiben	Käse, zum Beispiel Gouda
	Salz und Pfeffer, Paprikapulver, frische Petersilie

Die Hirse ca. 10 Minuten in der Gemüsebrühe köcheln lassen, anschließend weitere 10 bis 15 Minuten quellen lassen. Ei, Semmelbrösel, Gewürze und Petersilie hinzugeben. Alles miteinander vermischen. Nun kleine Bratlinge aus der Masse formen und in einer Pfanne mit etwas Olivenöl von jeder Seite etwa 2 Minuten braten. Bratlinge in Sesam oder Semmelbrösel panieren.

Die Bratlinge im erhitzten Backofen 10 Minuten mit Scheibenkäse überbacken. Wer mag, kann den Käse weglassen und stattdessen ein Spiegelei auf den Bratling geben. Dazu frische Tomatensauce und einen Salat servieren.

Die Hirse wirkt nach der TCM leicht abkühlend und hat einen Organbezug zu Magen und Milz. Sie unterstützt das Bindegewebe, leitet Feuchtigkeit/Schleim aus und unterstützt bei der Blutstärkung.

11. Woche: Pastinake

Pastinake mit Birne aus dem Ofen und Minutenschnitzel vom Schwein

2 große	Pastinaken
2 große	Birnen
1 EL	1 EL Butter
200 ml	Olivenöl
3 EL	Honig
	Salz, Pfeffer
6	Rosmarinzweige
4	Minutenschnitzel vom Schwein
einige Blätter	Salbei

| 125 ml | Süße Sahne (für die Sauce vom Schnitzel) |
| | Curry |

Die Pastinaken und die Birnen schälen und in längliche dicke Streifen schneiden. In eine gebutterte Auflaufform geben, reichlich mit Olivenöl begießen. Honig auf die Pastinaken-Birnen-Mischung verteilen. Salzen und pfeffern. Frische Rosmarinzweige dazugeben und für 25 Minuten bei 180 Grad Umluft in den vorgeheizten Backofen geben. Dazu Minutenschnitzel reichen. Minutenschnitzel kurz anbraten und ca. 3 Minuten in der Pfanne dünsten, nicht länger, sonst werden sie trocken. Salzen, pfeffern, Salbei hinzugeben und aus der Pfanne nehmen. Den Bratenfond vom angebratenen Fleisch für die Sauce nutzen, mit der süßen Sahne vermengen, salzen, pfeffern und etwas Curry hinzugeben.

TCM-Thermik: neutral. Geschmack: süß (milzstärkend) und scharf (die Lunge ansprechend).

12. Woche: Falafel

Falafel als Snack

120 g   Kichererbsenmehl
$^1/_2$ TL Kreuzkümmel
1 EL   Petersilie, frisch, gehackt
1   Schalotte, gehackt
2   Knoblauchzehen, gehackt
1 Msp.   Backpulver
1 TL   Salz
200 ml   Wasser, kochend (je nach Kichererbsenmehl)
1 TL   Olivenöl
$^1/_2$ TL Zitronensaft
         Olivenöl, zum Braten

Alle trockenen und frischen Zutaten gründlich miteinander mischen. Kochendes Wasser zugießen, ab ca. 120 ml langsamer gießen und gleichzeitig intensiv rühren. Ca. 10 Minuten stehen lassen. Olivenöl und Zitronensaft untermischen.

Mit feuchten Händen – der Teig klebt sehr stark – Bällchen formen.

Eine Pfanne auf mittlere Hitze erhitzen, Olivenöl hineingeben und nacheinander die Falafeln zugedeckt braten. Das verhindert das Austrocknen.

Kichererbsen stärken nach der TCM die Nieren (passend bei häufigem Frieren). Thermisch neutral.

13. Woche: Hummus

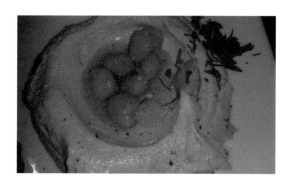

Hummus als Brotaufstrich und leckere Beilage

2 Dosen	Kichererbsen (400 bis 500 g)
4 EL	Sesampaste (Tahina)
	Zitronensaft von 2 Zitronen
8	Knoblauchzehen, durchgepresst
1 Bund	Petersilie
	Olivenöl
4 EL	Kreuzkümmel (Cumin)
2	Chilischoten, scharf, getrocknet, fein gehackt
2 EL	Currypulver
	Salz und Pfeffer, weiß
evtl.	Paprikapulver, rosenscharf

Kichererbsen abseihen und Flüssigkeit auffangen. Die Kichererbsen mit Tahina, Knoblauch, Zitronensaft, Chilischote, Curry, etwas Salz und 2 EL Cumin in den Mixer geben. Zunächst ein Glas der aufgefangenen Kichererbsenflüssigkeit und 3 bis 4 EL Öl dazugeben und mixen. Wenn die Konsistenz zu dick ist, ein wenig mehr von der Kichererbsenflüssigkeit dazugeben. Mit Pfeffer, Salz, Cumin und Zitronensaft abschmecken. Mit Folie abdecken und mindestens 2 Stunden ruhen lassen!

Kichererbsen stärken nach der TCM die Nieren (passend bei häufigem Frieren). Thermisch neutral.

14. Woche: Bärlauch

Gnocchi mit Bärlauchpesto

500 g	Bärlauch
80 g	Parmesan
80 g	Pinienkerne
250 ml	Olivenöl
	Salz, Pfeffer
400 g	Gnocchi (aus dem Kühlregal)

Den Bärlauch waschen und trocken schleudern. Mit dem Parmesan und den Pinienkernen in der Küchenmaschine fein zerkleinern, mit dem Olivenöl auffüllen und nach Geschmack mit Salz und Pfeffer abschmecken (für 1 Person).

In saubere und sehr heiß gespülte Schraubdeckelgläser abfüllen und im Kühlschrank aufbewahren. Dazu Gnocchi laut Packungsanleitung zubereiten.

Bärlauch wirkt nach der TCM ausleitend und blutreinigend.

15. Woche: Spinat

Spinat mit Kartoffelgratin

800 g	Kartoffeln, fest kochend
1	Knoblauchzehe
150 ml	Sahne
350 ml	Reismilch
	Muskat, frisch gerieben
	Kräutersalz
	Pfeffer, frisch gemahlen
1 EL	Gemüsebrühe (als Pulver selber gemacht in der Küchenmaschine)
	Butter für die Form

Eine flache Auflaufform mit Butter einfetten. Den Knoblauch gepresst in der Form verteilen. Die Kartoffeln schälen und in kleine Scheiben schneiden.

Die Hälfte der Kartoffelscheiben in die Form schichten. Mit Kräutersalz und Muskat leicht würzen, danach die weiteren Kartoffeln schichten.

Die Sahne und die Milch mischen. Mit der Gemüsebrühe, Kräutersalz, Muskat und Pfeffer nicht zu sparsam würzen. Diesen Mix über die Kartoffeln geben. Kleine Butterflöckchen gleichmäßig auf dem leckeren Kartoffelgratin verteilen.

Im vorgeheizten Backofen bei 180 °C ca. 50 Minuten backen.

Dazu passt Blattspinat und Spiegelei.

Spinat wirkt nach der TCM Blut aufbauend, abkühlend, befeuchtend und Stuhl regulierend, ist daher gut bei Verstopfung zu empfehlen.

16. Woche: Granatapfel

Leinsamen-Porridge mit Heidelbeeren und Granatapfel

2 Tassen	Haferflocken, feine
2 Tassen	Reismilch oder Wasser
2 Tassen	Wasser
Je 1 EL	Honig und Leinsamen
Je eine Handvoll	Heidelbeeren und Granatapfel

Die Haferflocken zusammen mit der Reismilch und/oder dem Wasser sowie dem Leinsamen und dem Sesam in einen Topf geben. Den Brei kurz aufkochen lassen und dann bei kleiner Hitze weiterkochen, bis er eine etwas festere Konsistenz hat. Obst für eine Minute mitköcheln oder: Den Porridge mit Honig süßen und mit Granatapfel und Heidelbeeren servieren.

Der Granatapfel wird dem Winter mit dem Element Wasser zugeordnet und unterstützt die Stärkung von Blase und Niere.

17. Woche: Quinoa

Quinoabrei mit Birne und Rosinen

200 g	Quinoa
600 ml	Wasser
4 TL	Agavendicksaft
2 TL	Zimtpulver
2 TL	Rosinen
2 TL	Mandeln
2 TL	Haselnüsse
3	große Birnen

Quinoa und Wasser 5 Minuten köcheln lassen. Die Birnen klein schneiden und hinzufügen. Den Zimt, die Rosinen und den Agavendicksaft einrühren und köcheln lassen, bis die Flüssigkeit verkocht ist.

Nun den Topf vom Herd nehmen und 5 bis 10 Minuten ziehen lassen. Den Brei in eine Schüssel füllen und servieren. Wer mag, kann kleine Haselnuss-Stücke oder Mandeln dazugeben.

Quinoa wird in der TCM zum Tonisieren für Qi, Blut und Yang empfohlen und eignet sich deshalb besonders gut bei Schwächezuständen und Verdauungsproblemen, aber auch bei kalter und schwacher Lendenwirbelsäule und Knie, da Quinoa einen Organbezug zur Niere aufweist.

18. Woche: Spargel

Spargel-Quiche

Für den Teig:

100 g	Butter, kalt
250 g	Mehl
1	Ei
1 Prise	Salz
etwas	Wasser, kalt

Für den Belag:

500 g	Spargel, weiß oder grün
2	Fleischtomaten
125 g	Mozzarella
1 Handvoll	Basilikum, frisch

Für den Guss:

2	Eier
50 g	Sahne
125 ml	Reismilch
1 EL	Crème fraîche
50 g	Parmesan, frisch gerieben
	Salz und Pfeffer
	Muskat
	Butter, für die Form

Für den Teig alle Zutaten rasch zu einem glatten Mürbeteig verkneten und in Frischhaltefolie gewickelt ca. 1 Stunde im Kühlschrank ruhen lassen.

Zwischenzeitlich den Spargel waschen und in 2 bis 3 cm lange Stücke schneiden. In kochendem Salzwasser ca. 4 Minuten blanchieren, abgießen, kalt abschrecken. Die Tomaten kreuzförmig einschneiden, kurz in kochendes Wasser legen, abschrecken, schälen, entkernen und in Würfel schneiden. Mozzarella in kleine Würfel schneiden.

Backofen auf 180 °C Heißluft vorheizen.

Die Quiche-Form (ca. 28 cm Durchmesser) ausbuttern, den Teig zwischen 2 Blättern Frischhaltefolie ausrollen und die Form damit auslegen. Mit der Gabel mehrmals einstechen und im vorgeheizten Backofen auf der unteren Schiene 10 Minuten vorbacken. Wieder aus dem Backofen nehmen.

Basilikum waschen und schneiden. Für den Guss alle Zutaten mit einem Mixer verrühren, mit Salz und Pfeffer würzen. Die Quiche mit den Spargelstücken, den Tomaten- und Mozzarellawürfeln sowie dem Basilikum belegen und den Guss darauf verteilen. Die Quiche mit Alufolie bedecken und auf der unteren Schiene bei ca. 160 bis 170 °C Heißluft 30 Minuten backen. Die Alufolie entfernen und die Quiche erneut 15 Minuten backen. Aus dem Ofen nehmen und 5 Minuten ruhen lassen.

Die Wirkung von Basilikum nach der TCM ist erwärmend, verdauungsfördernd, scharf und hat damit einen Organbezug zu Lunge und Leber. Basilikum unterstützt den Organismus dabei, das Leber-Qi im Fluss zu halten. Wenn das Leber-Qi gestaut ist und stagniert, kommt es zur Reizbarkeit, inneren Unruhe und Anspannung. Bei Frauen kann es zu Menstruationsproblemen führen.

Die Wirkung von Spargel laut der TCM: Stärkung der Nieren-Essenz, des Nieren-Qi und Nieren-Yang (gu,t wenn dir oft kalt am unteren Rücken und an den Händen sowie Füßen ist), gut für die lustvolle Sexualität und für bewegliche Spermien, wirkt auf einen starken Ausfluss bei der Frau, Stärkung für die Knochen und das Bindegewebe, entwässert.

19. Woche: Kohlrabi

Kohlrabi-Eintopf mit Liebstöckel

6	Kohlrabi
500 g	Kartoffeln
250 g	Möhren
½	Stange Lauch
1 EL	Mehl
150 g	Sahne
500 ml	Gemüsebrühe oder mehr
	Salz und Pfeffer, Muskat
	Petersilie, Liebstöckel
400 g	Rinder-Hack

Von den Kohlrabi die großen Blätter entfernen und die kleinen fein hacken. Möhren, Kohlrabi und Kartoffeln schälen und in kleine Würfel schneiden. Den Lauch in feine Streifen schneiden. Das Gemüse und das Hackfleisch in einem buttrigen Topf kurz anbraten. Mit Pfeffer und Salz würzen, mit der Gemüsebrühe aufgießen, Liebstöckel hinzugeben und nochmals 15 Minuten köcheln, bei Bedarf Gemüsebrühe nachgießen.

In der Zwischenzeit die Sahne mit dem Mehl anrühren und noch mal mit Salz, Pfeffer und Muskat würzen. In den Eintopf einrühren, die gehackte Petersilie zufügen und 2 bis 3 Minuten weiter köcheln lassen.

Kohlrabi wirkt nach der TCM neutral und unterstützt/stärkt insbesondere die Organe Leber, Magen und Milz. Er wirkt ebenso wie der Basilikum Qi-bewegend und unterstützt somit den Körper dabei, eine Stagnation des Qi zu vermeiden bzw. aufzulösen. Die Verdauung wird gefördert, Feuchtigkeit wird aus dem Körper ausgeleitet.

20. Woche: Zitronenmelisse

Hirsebrei mit Obst und Zitronenmelisse

200 g	Goldhirse
1 EL	Chiasamen
nach Bedarf	Wasser zum Einweichen
400 ml	Kokosmilch
4 Prisen	Zimtpulver
etwas	Vanillemark
1 Prise	Kardamom
1 Prise	Salz
evtl.	Sternanis
4 kleine	Äpfel
4	Mandarinen oder Obst nach Wahl
evtl.	Honig, Rosinen oder Datteln/Feigen
etwas	Ghee oder Butter

Walnüsse
Zitronenmelisse

Die Hirse mit Wasser und Kokosmilch und dem ausgekratzten Vanillemark aufkochen und mit den Gewürzen ca. 20 Minuten köcheln lassen. Bei der Wassermenge muss beachtet werden, wie dick der Brei sein soll. Wasser nachgeben je nach Bedarf.

In den letzten 5 Minuten wird der klein geschnittene Apfel dazugegeben.

Chiasamen unterrühren. Walnüsse und Zitronenmelisse hinzugeben. Mit Mandarinen garnieren.

Hirse wirkt kühlend mit einem Organbezug zu Magen, Milz und Niere.

Sie vermag Feuchtigkeit auszuschwemmen und kräftigt das Bindegewebe. Sie hat eine Blut stärkende Wirkung und unterstützt somit trockene Augen sowie Haare, Nägel und Sehnen.

21. Woche: Knoblauch

Gemüse-Reis-Bratling mit Käse und Knoblauch

200 g	Basmatireis oder Naturreis (für 4 Personen)
300 ml	Gemüsebrühe
3 große	Möhren
1 große	Zucchini geraspelt
1	Zwiebel
3	Knoblauchzehen
2	Eier und 150 g geriebener Edamer
150 g	geriebener Edamer
Aus 1 altbackenen Brötchen	Semmelbrösel
	Olivenöl
1 Bund	glatte Petersilie oder Koriander

Salz, Pfeffer, Kreuzkümmel, Paprika edelsüß, Curry

Den Reis weich kochen. Abkühlen lassen. Mit der klein geschnittenen Petersilie und der Zwiebel, dem gepressten Knoblauch, den geraspelten Möhren sowie der geraspelten Zucchini, den Eiern, dem geriebenem Käse und den Semmelbröseln mischen und würzen. Zu Bratlingen formen. Olivenöl in einer Pfanne erhitzen und die Bratlinge kross backen. Mit einer Tomatensauce oder einem Joghurt-Dip servieren. Mit Koriander bestreuen.

Die Wirkung von Knoblauch und Zwiebeln nach der TCM:

Die thermische Wirkung ist wärmend bis erhitzend (Knoblauch ist erhitzender als die Zwiebel, die rohe Zwiebel ist erhitzender als die gekochte Zwiebel). Vorsichtig mit dem Verzehr, wenn du unter Hitze oder unter einem Yin-Mangel leidest, wenn du unter innerer Unruhe, starkem Zorn, hohem Fieber, Schlafstörungen, Nachtschweiß, Hitzewallungen, rotem Gesicht, trockener Haut und Schleimhaut leidest.

Der Geschmack der gekochten Zwiebel ist scharf und süßlich. Der Organbezug besteht zur Lunge (bei Husten und Infekten hilft dir ein Zwiebeltee), Milz, Magen und Herz.

Sowohl Knoblauch als auch Zwiebeln unterstützen die Qi-Bewegung und lösen einen leichten Stau bzw. eine Qi-Stagnation nach zu viel Essen auf.

22. Woche: Brokkoli

Ein Backblech voller Brokkoli und noch viel mehr ...

1 kg	Kartoffeln, festkochend
6 EL oder nach Bedarf	Olivenöl
	Salz und Pfeffer
4 Zweige	Rosmarin, frisch
4 Zweige	Thymian, frisch
einige	Salbeiblätter, frisch
150 g	Gouda zum Überbacken
1 kleiner	Brokkoli
2 große	Möhren
1 große	Zucchini
1 große	Aubergine
1 große	rote Paprikaschote

1	Gemüsezwiebel
3	Knoblauchzehen

Backofen auf 200 °C vorheizen.

Ein Backblech mit doppelt Backpapier auslegen. Die Kartoffeln waschen und mit der Schale vierteln. Rosmarin, Salbei und Thymian zu den Kartoffeln geben. Öl und Salz dazugeben, alles gut vermischen und auf das Blech geben.

Die Zucchini vierteln und in längliche Streifen schneiden. Zwiebel, Paprika und Aubergine in Stücke schneiden. Brokkoli in halbe Röschen teilen. Knoblauch in feine Scheiben schneiden.

Wenn die Kartoffeln nahezu gar sind, das Gemüse mit auf das Blech geben, wenig einölen, würzen und mit dem Käse belegen. Weitere 20 Minuten backen.

Die Wirkung von Brokkoli nach der TCM ist abkühlend sowie leber-, lunge- und milzstärkend. Zudem vermag Brokkoli das Blut aufzubauen. Wir haben bereits oft gehört, dass ein Blutmangel sich an trockenen Augen, trockenen Nägeln und trockenen Sehnen zeigen kann. In der westlichen

99

Medizin erwähnen wir in diesem Kontext die Anämie.

23. Woche: Blumenkohl

Blumenkohl-Pfanne

1 kleiner	Brokkoli
1 großer	Blumenkohl
ein paar	Pilze
1 kleine	Zucchini
2	Schalotten
1	Knoblauchzehe
1 EL	Olivenöl
1 EL	Tomatenmark
1 große	Fleischtomate
1 mittlere	Möhre
400 ml	Wasser oder Brühe
	Salz und Pfeffer, Paprika edelsüß, Petersilie oder Dill, etwas Liebstöckel
400 g	Mett

Den Blumenkohl und den Brokkoli in mundgerechte Röschen teilen, die Stiele in Scheiben schneiden. Die Zwiebel und den Knoblauch fein würfeln.

In einer Pfanne das Öl erhitzen und die Schalotten mit dem Knoblauch glasig anbraten. Anschließend das Hackfleisch anbraten. Das Tomatenmark kurz mitrösten, dann den Blumenkohl mit dem Brokkoli hinzufügen, kurz anbraten und mit Wasser oder Brühe ablöschen. Köcheln lassen, bis der Blumenkohl gar ist, und mit Salz, Pfeffer und Paprika abschmecken. Die letzten 2 Minuten ein paar klein geschnittene Pilze, den Liebstöckel und die klein geschnittene Zucchini zugeben. Mit Dill oder Petersilie bestreuen.

Blumenkohl wirkt kühlend auf den Magen (Zahnfleischbluten, Gastritis) und die Lunge (Husten mit Schleim).

24. Woche: Zuckerschoten

Aus dem Wok – Tofu mit Zuckerschoten

500 g	Tofu
1	Zucchini
1	rote Paprikaschote
200 g	Zuckerschoten
1	Zwiebel
400 ml	Kokosmilch
2 TL	Currypulver
8	Pilze
10 EL	Sojasauce
etwas	Chili
4 EL	Sesamöl
	Koriander und Zitronengras

Tofu in kleine Würfel schneiden und mit Currypulver, Sojasoße und 100 ml Kokosmilch marinieren. Danach das Gemüse vorbereiten und den Basmatireis kochen.

Die Zwiebel klein hacken. Die Zucchini in feine Streifen schneiden. Die Paprika in dünne Streifen schneiden.

Das Sesamöl in eine heiße Pfanne geben und die Zwiebel kurz andünsten. Die Tofuwürfel aus der Marinade nehmen, zu den Zwiebeln hinzufügen und kurz mitdünsten. Die Marinade zur Seite stellen.

Jetzt Zucchini, Zuckerschoten und Paprika zugeben und etwa 3 Minuten unter ständigem Rühren anbraten. Anschließend mit der Marinade und der weiteren Kokosmilch ablöschen. Mit Chili, Koriander und Zitronengras würzen und alles noch etwa 5 Minuten dünsten.

Zuckerschoten sind fettarm und liefern wichtige Mineralstoffe. Auch Provitamin A ist enthalten, das wirkt sich positiv auf Haut und Augen aus.

25. Woche: Frühkartoffeln

Kartoffel-Rösti mit Sauercreme-Dip

1 kg   Kartoffeln, festkochende
4 EL   Olivenöl
200 g Schmand

150 g Bio-Joghurt
½   Bio-Zitrone
       Muskat, Salz, Pfeffer, etwas Schnittlauch

Die geschälten rohen Kartoffeln reiben. Olivenöl in einer Pfanne erhitzen und Kartoffelhaufen hineingeben. Leicht andrücken, mit Salz, Pfeffer und Muskat würzen. Nun bei starker Hitze ca. 5 Minuten von beiden Seiten kräftig anbraten.

Dazu passt grüner Salat und ein Sauercreme-Dip. Hierzu Schmand mit etwas weißem Bio-Joghurt vermischen und mit einigen Spritzern von einer Bio-Zitrone, Schnittlauchröllchen sowie Salz und Pfeffer vermischen.

Die Wirkung von Kartoffeln nach der TCM sind auch in der westlichen Medizin bzw. Ernährungslehre bekannt. So wirken Kartoffeln der Übersäuerung und dem Sodbrennen sowie Magenproblemen entgegen. Sie haben einen Organbezug zu Magen und Milz, ihre thermische Wirkung ist neutral. Deshalb sind Kartoffeln für viele Menschen so bekömmlich. Kartoffeln können Hitze ausleiten, deshalb werden sie in der Naturheilkunde gerne als Umschläge bei Hitzeerkrankungen gemacht. Die TCM ist der westlichen Naturheilkunde wesentlich ähnlicher als allgemein vermutet.

26. Woche: Kirschtomaten

Spaghetti mit Rucola, Kirschtomaten und Balsamicocreme

400 g	Spaghetti
1 Bund	Rucola
250 g	Kirschtomaten
1 EL	Olivenöl
30 g	Pistazien
50 g	Parmesan, am Stück
	Balsamico (Crema di Balsamico)
	Meersalz
	Pfeffer

Die Spaghetti – je nach Dicke und Hersteller – bissfest garen.

Zwischenzeitlich Rucola und Kirschtomaten waschen, trocken schütteln, Tomaten vierteln. Pistazien hacken. Die Spaghetti in eine Schüssel legen, mit Olivenöl beträufeln, salzen und pfeffern. Nun mit den Kirschtomaten und den Pistazien vermischen. Zum Ende den Rucola mit Bedacht unterheben.

Den Parmesan über die Teller hobeln und mit dem Balsamico dekorieren.

Ebenso wie die Gurke ist die Tomate in der Wirkung nach der TCM stark abkühlend, deshalb essen wir im Sommer so gerne Tomaten aller Art. Die Tomate und die Gurke sind die am stärksten kühlend wirkenden Gemüsesorten.

Die Tomate wirkt zudem befeuchtend und ist damit gegen Verstopfung, trockene Schleimhäute und Durst geeignet. Allerdings sorgt die Tomate durch ihren hohen Wasseranteil für eine Verschleimung und Wasseransammlung im Körper.

Der Geschmack ist süßsauer, sauer stärkt das Holz-Element und damit der Leber. Tomaten stärken die Leber bei normaler Verzehrmenge, sie schwächen die Leber bei zu viel Verzehr. Bitte nicht zu viel von diesem sauren Lebensmittel essen, da das die Leber im Umkehrschluss schwächen kann. Zu viel sauer bekommt der Leber nicht, etwas hingegen unbedingt! Iss die Tomaten – insbesondere im Winter – nicht ausschließlich roh, gedünstet haben sie eine weniger auskühlende Wirkung.

Der süße Geschmack unterstützt die Milz und wirkt somit auf die Verdauung.

Ein starkes Milz-Qi ist in der Lage, die Nahrung besser zu verwerten und Feuchtigkeit *umzuwandeln. Ist das Milz-Qi zu schwach, würde die Flüssigkeit nicht umgewandelt werden können und liegen bleiben, das wiederum führt zu Schleim- oder Flüssigkeitsansammlungen und möglicherweise zu daraus folgender Hitze (liegen gebliebene Autos auf der Autobahn machen Stau und damit Reibung/Hitze auf der Autobahn).*

27. Woche: Zucchini

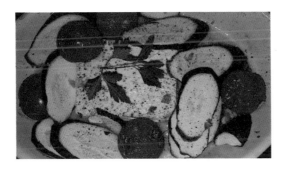

Antipasti – Feta mit Zucchini

400 g	Feta
2 mittelgroße	Zucchini
10	Kirschtomaten
150 ml	Olivenöl
nach Bedarf	Salz, Pfeffer
2 große	Knoblauchzehen
einige Stängel	Petersilie
	Baguette

In eine gebutterte Auflaufform 200 g echten Feta, dicke Zucchinischeiben, ganze Cherrytomaten und Petersilie geben.

115

Satt mit Olivenöl beträufeln und 2 in Scheiben geschnittene Knoblauchzehen zufügen. Ab in den auf 180 °C Oberhitze vorgeheizten Backofen – für ca. 25 Minuten. Dazu passt Baguette.

Zucchini sind auch in der TCM ein klassisches Sommergemüse, denn Zucchini kühlen das Blut und den Magen. Damit erklärt sich ihre Wirkung bei Nasenbluten, Gastritis, roten entzündlichen Hautausschlägen wie Neurodermitis oder Akne.

28. Woche: Nektarinen

Hähnchen-Curry mit Nektarinen und Zuckerschoten

600 g	Hähnchenbrustfilet
2	Zwiebeln
2 Zehen	Knoblauch
200 g	Zuckerschoten
2	Nektarinen
3	Möhren
300 ml	Kokosmilch

3 EL	Pflanzenöl
2 EL	Currypulver
150 g	Naturjoghurt, 1,5 %
2 EL	Mangochutney
	Salz und Pfeffer

Das Fleisch abspülen, trocken tupfen, mit Salz und Pfeffer würzen und mit einem EL Olivenöl nicht zu stark in der Pfanne anbraten.

In der Zwischenzeit die Zwiebeln und die Knoblauchzehen würfeln. Das Fleisch aus der Pfanne nehmen und wegstellen. Die Zwiebeln und den Knoblauch in dem restlichen Bratfett anbraten und mit Curry bestäuben. Nun ca. 2 bis 3 Minuten dünsten. Die Zwiebel-Mischung aus der Pfanne nehmen, mit Mangochutney (gibt es in der Asia-Abteilung in großen Supermärkten) und dem Joghurt verrühren und das Fleisch darin ca. 15 Minuten marinieren.

Zwischenzeitlich die Möhren schälen und in dünne Scheiben schneiden, die Zuckerschoten sowie die Nektarinen waschen und in Spalten schneiden. Die Zuckerschoten und die Möhren mit dem Olivenöl ca. 5 Minuten anbraten. Die Schoten sollten noch bissfest sein. Nun die Nektarinen und die Kokosmilch hinzugeben und ca. 5 Minuten köcheln lassen. Das Fleisch mit der Marinade hinzufügen und alles in der Pfanne ca. 5 bis 7 Minuten ziehen lassen. Dazu passt Basmatireis.

Die thermische Wirkung der Nektarine nach der TCM ist erwärmend.

29. Woche: Chicorée

Gebratener Chicorée

4 kleine Chicorée, grün
etwas   Honig
          Salz und Pfeffer
etwas   Balsamico, rot
2 EL   Olivenöl

Den Chicorée putzen und längs einschneiden bis 2 cm vor dem Strunk. Der Strunk kann entfernt werden. Chicorée in Olivenöl mit etwas flüssigem Honig beträufeln und bei geringer Hitze rundherum goldgelb anbraten, bis der Chicorée relativ weich ist. Mit Salz und Pfeffer bestreuen und nach Belieben mit Balsamico würzen.

Chicorée ist ein Gemüse mit bitterem Geschmack. Leider wird der bittere Geschmack dem Mainstream der Kunden angepasst und immer mehr herausgezüchtet, dabei ist er gesund und bekömmlich für die Verdauung. Er leitet nach unten aus (deshalb der Magenbitter nach einer opulenten Mahlzeit und deshalb kann der bittere Geschmack von abkühlenden Lebensmitteln bei Kopfweh entlastend wirken). Er kann kühlen und damit Fieber und Entzündungen im Körper bekämpfen.

Wie immer gilt, nicht zu viel und nicht zu wenig, denn das Positive kann sich immer in etwas Negatives verwandeln, wenn man es mit der

Verzehrmenge übertreibt. Etwas bitterer Geschmack kann Feuchtigkeit ausleiten, zu viel kann jedoch Trockenheit wie trockene Haut, Schlafstörung oder Durst hervorrufen.

Ähnlich verhält es sich mit dem Herz. In kleinen Mengen stärkt der bittere Geschmack des Chicorées das Herz, zu viel davon schädigt es. Vergleich es mit dem Kaffee-Genuss, denn Kaffee hat ebenso einen bitteren Geschmack. Zu viel Kaffee schadet dir und macht dich unruhig.

30. Woche: Himbeeren

Ananas-Fritten mit Himbeer-Ketchup

Ananas schälen und in längliche Stifte schneiden. Himbeeren mit einer Gabel zerdrücken und auf die in eine Pommestüte geschichtete Ananas geben.

Alle Beeren wirken nach TCM stärkend auf die Körpersäfte. Das ist insbesondere im Sommer sehr wichtig, da wir viel Flüssigkeit durch Schwitzen verlieren.

Die thermische Wirkung der Himbeere nach der TCM ist neutral. Sie stärkt die Milz, die Niere und die Leber und wirkt verdauungsfördernd. Zudem unterstützt sie den Appetit.

31. Woche: Polenta

Gebratene Polentaschnitte mit Pilzen und Tomatensauce

Für die Sauce:

1	Zwiebel
1 Zehe	Knoblauch
3 EL	Olivenöl
1 Zweig	Thymian
8	Pilze
300 ml	Tomaten, passiert oder in Stücken

Für die Polenta:

150 g	Maisgrieß
500 ml	Gemüsebrühe
1 Zehe	Knoblauch
1 Prise	Kurkuma
50 g	Butter
50 g	Parmesan, frisch
1 Zweig	Thymian, frisch

Tomatensauce: Zwiebel schälen und in kleine Würfel schneiden. In Olivenöl andünsten. Knoblauch dazu pressen, die Tomaten und den Thymian zufügen. Mit Salz und Pfeffer würzen und eindicken lassen.

Polenta: Brühe, Butter, Thymian, den gepressten Knoblauch und die Prise Kurkuma kurz aufkochen. Maisgrieß unter Rühren langsam zufügen, bis eine sämige Masse entsteht. Geriebenen Parmesan zufügen, unterrühren und alles etwas ziehen lassen. Anschließend Thymian und Knoblauch wieder entfernen, die Masse in eine gebutterte Auflaufform streichen und erkalten lassen. Kurz vor der Fertigstellung der Sauce die Masse aus der Form stürzen, in Rauten oder Rechtecke schneiden und in einer Pfanne mit etwas Olivenöl anbraten. Polenta mit gedünsteten Pilzen und der Tomatensauce anrichten.

Polenta wirkt nach der TCM thermisch neutral, somit weder kühlend oder wärmend. Sie hat eine stärkende Wirkung auf den Magen und die Verdauung und unterstützt bei der Feuchtigkeitsausleitung.

32. Woche: Heidelbeeren

Pfannekuchen mit Heidelbeeren

4	Bio-Eier
800 ml	Reismilch
1	Prise Salz
ca. 500 g	Dinkelmehl 630
500 g	Heidelbeeren
etwas	Honig
etwas	Zitronenmelisse

Pro Person je ein Ei mit einer Prise Salz und ca. 200 ml Reismilch und so viel Dinkelmehl 630 verquirlen, dass ein sämiger Teig entsteht (der Teig sollte nicht zu dünn sein).

Den Pfannekuchenteig in eine gefettete und erhitzte Pfanne geben. In den Pfannekuchenteig reichlich Heidelbeeren legen. Ausbacken bei mittlerer Hitze und wenden. Mit etwas Honig süßen und mit Zitronenmelisse oder Minze bestreuen.

Die Heidelbeeren sind mein absoluter Favorit, ich esse sie fast täglich. Ihre thermische Wirkung ist leicht kühlend bis neutral. Der Organbezug ist vorhanden zur Leber und zu den Nieren. Vor allem in Bezug auf die Augen sagt man den Heidelbeeren eine gute Wirkung nach.

33. Woche: Tomaten

Tomaten-Quiche

Für den Teig:

130 g	Mehl
60 g	Butter, kalte
1	Eigelb
1 Prise	Salz

Für den Belag:

400 g	rote Kirschtomaten,
etwas	Petersilie
2 Zweige	Thymian
1 Zweig	Rosmarin
2	Eier
150 g	Saure Sahne
	Muskat, frisch gerieben

	Pfeffer
100 g	Edamer, gerieben
	Mehl
	Butter

Die Zutaten für den Teig zu einem glatten Teig verkneten. Den Teig in Frischhaltefolie wickeln und eine Stunde kühlen.

Die Tomaten und Kräuter waschen und abtropfen lassen. Die Tomaten halbieren. Den Thymian und Rosmarin hacken. Die Eier und saure Sahne verquirlen und die Kräuter zugeben. Mit Muskatnuss, Salz und Pfeffer würzen.

Den Backofen auf 200 °C vorheizen. Eine Tarteform einfetten. Den Teig auf der bemehlten Arbeitsfläche ausrollen. Den Boden und Rand der Form auslegen. Den Teigboden mit einer Gabel mehrfach einstechen. Die Tomaten darauf verteilen. Den Edamer über die Tomaten streuen. Mit der Sauce übergießen und ca. 45 Minuten backen. Die Quiche mit Alufolie abdecken, falls die Oberfläche zu dunkel wird. Die Quiche lauwarm servieren.

Ebenso wie die Gurke ist die Tomate in der Wirkung nach der TCM stark abkühlend, deshalb essen wir im Sommer so gerne Tomaten aller Art. Die Tomate und die Gurke sind die am stärksten kühlend wirkenden Gemüsesorten.

132

Die Tomate wirkt zudem befeuchtend und ist damit für Verstopfung, trockene Schleimhäute und Durst geeignet. Allerdings sorgt die Tomate durch ihren hohen Wasseranteil für eine Verschleimung und Wasseransammlung im Körper.

Der Geschmack ist süßsauer, sauer stärkt das Holz-Element und damit die Leber. Tomaten stärken die Leber bei normaler Verzehrmenge, sie schwächen die Leber bei zu viel Verzehr. Bitte nicht zu viel von diesem sauren Lebensmittel essen, da das die Leber im Umkehrschluss schwächen kann. Zu viel sauer bekommt der Leber nicht, etwas hingegen unbedingt! Iss die Tomaten – insbesondere im Winter – nicht ausschließlich roh, gedünstet haben sie eine weniger auskühlende Wirkung.

Der süße Geschmack unterstützt die Milz und wirkt somit auf die Verdauung.

Ein starkes Milz-Qi ist in der Lage, die Nahrung besser zu verwerten und Feuchtigkeit umzuwandeln. Ist das Milz-Qi zu schwach, würde die Flüssigkeit nicht umgewandelt werden können und liegen bleiben, das wiederum führt zu Schleimansammlungen oder Flüssigkeitsansammlungen und möglicherweise zu folgender Hitze (liegen gebliebene Autos auf der Autobahn machen Stau und damit Reibung/Hitze auf der Autobahn).

34. Woche: Petersilie

Couscous mit Petersilie

250 g	Couscous
250 ml	Gemüsebrühe oder Fond
1 EL	Tomatenmark
2	Paprikaschoten, rot und gelb
1	Hähnchenbrust
4	Lauchzwiebeln
1 Handvoll	Kresse

3 EL	Olivenöl
3 EL	Sojasauce
1 EL	gelbe Currypaste
1 EL	Sojasauce
	Salz und Pfeffer
	Chilipulver
	Kreuzkümmel
1 Bund	Petersilie

Die Hähnchenbrust würzen und in Olivenöl anbraten. Gar dünsten lassen. Wenn sie gar ist, wird die Hähnchenbrust gewürfelt und kommt später zum fertigen Couscous hinzu.

Den Couscous mit der Gemüsebrühe übergießen und ca. 10 Minuten ziehen lassen. Bei Bedarf die Flüssigkeit erhöhen, sodass der Couscous nicht zu fest wird.

In der Zwischenzeit das Gemüse und die Kräuter waschen und schneiden. Tomatenmark, Currypaste, Öl und Sojasauce mit dem Couscous vermengen.

Gemüse unterheben und mit Salz, Pfeffer, Chilipulver und Kreuzkümmel würzen. Die glatte Petersilie, die Kresse und die Frühlingszwiebeln dazugeben.

Die thermische Wirkung der Petersilie nach der TCM ist wärmend und etwas scharf-sauer. Damit stärkt die Petersilie insbesondere die Nieren.

35. Woche: Artischocke

Brokkoli-Artischocken-Omelett

4 EL	Sonnenblumenöl oder Olivenöl
5	Eier
etwas	Dinkelmehl 630
5 EL	Reismilch oder Menge nach Bedarf
	Petersilie, frisch gehackt
	Currypulver
50 g	Mozzarella
	Artischocken (frisch)
	Brokkoli
	Creme fraîche
	Balsamicocreme
	Salz und Pfeffer, frisch gemahlen

139

Die Herdplatte auf kleine Stufe schalten. Die Eier mit der Pflanzenmilch und etwas Dinkelmehl 630 sowie Salz und Pfeffer sowie Curry verquirlen und die Mischung in die Pfanne gießen.

In den Omeletteig die Artischockenhälften sowie die dünnen vorgekochten Brokkoliröschen geben. Den Mozzarella in Scheiben dazugeben und ausbacken. Omelett wenden und nach ca. 1 Minute auf einen Teller geben.

Creme fraîche und Balsamicocreme dazugeben und servieren.

Wieder ein wertvolles Lebensmittel mit dem bitteren Geschmack!

Der bittere Geschmack der Artischocke hat eine feuchtigkeitsausleitende und trocknende Wirkung. Er ist deshalb gut bei allen Symptomen, die durch Feuchtigkeit aufgrund eines zu schwachen Milz-Qis ausgelöst werden, zum Beispiel Durchfall, Blähungen, Appetitlosigkeit, Müdigkeit, Ödeme und Konzentrationsschwäche. Besser geeignet sind natürlich die frischen Artischocken anstatt die öligen Artischocken aus dem Glas.

36. Woche: Avocado

Bratreis mit Shrimps und Avocado

125 g bis 175 g	Basmati- oder Naturreis
1	reife Avocado
200 g	Shrimps
1	rote Paprika
eine Handvoll	Erbsen
2	Knoblauchzehen
1	Schalotte
einige Spritzer	Bio-Zitrone
eine Handvoll	Petersilie

Den Reis weich kochen.

Eine Pfanne buttern und den Reis mit etwas Knoblauch, der Schalotte, der Paprika, den Erbsen sowie den Garnelen anbraten. Würzen und mit frischer Bio-Zitrone beträufeln.

Nach ca. 5 Minuten mit Avocadospalten (mit dem Sparschäler geschnitten und mit Zitrone beträufelt) und Petersilie anrichten.

Der Reis ist etwas kühlend, die Avocado ist in der thermischen Wirkung kalt. Durch den gekochten Reis wird die Avocado wärmer und bekömmlicher.

Die Avocado nährt das Yin, deshalb nutzt du sie auch als Kosmetika bzw. als Hautpflege. Sie reduziert Trockenheit der Haut durch die Nährung des Yin. Ein Yin-Mangel wirkt sich in trockener Haut aus. Die Avocado nährt damit die Substanz (die Körpersäfte, das Blut, die Knochen, das Bindegewebe ...). Sie ist im heißen Sommer eine wichtige Quelle, um Trockenheit im Körper zu vermeiden, und wird aus diesem Grunde gerne in heißen Ländern wie Tunesien verzehrt. Die Zitrone verhilft zum sauren Geschmack, der die Körpersäfte erhält und gegen starkes Schwitzen hilft. Das wird in heißen Ländern ebenso beherzigt. Du siehst, die TCM ist sehr bodenständig!

37. Woche: Reis

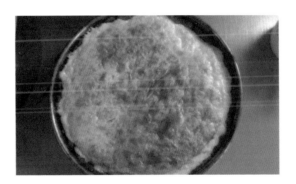

Warmer Milchreiskuchen mit Zimt

90 g	Butter oder Margarine
80 g	Honig
1	Vanilleschote
1	Ei
250 g	Dinkelmehl 630
1 TL	Weinstein-Backpulver
200 g	Milchreis
1 Beutel	Puddingpulver (Vanillegeschmack)
600 ml	Reismilch
150 ml	Sahne
1 Glas	Süßkirschen
	Fett für die Form, Kakaopulver

Aus Butter oder Margarine, 30 g Honig, ausgekratztem Vanillemark, Ei, Mehl und Backpulver einen Streuselteig herstellen. Eine gefettete Springform (26 cm) mit dem Teig auskleiden (2/3 des Teiges für den Boden, 1/3 für den Rand). Für die Füllung das Glas Kirschen abtropfen lassen und auf dem Boden verteilen. Aus Milchreis, Puddingpulver, Reismilch, Sahne und 50 g Honig einen Milchreispudding kochen und gleichmäßig auf den Kirschen verteilen. Mit Kakaopulver bestreuen.

Etwa 45 Minuten bei 200 °C (Ober-/Unterhitze) backen. Eventuell nach 30 Minuten abdecken. Noch warm schmeckt der Kuchen am besten.

Reis wird dem Erd-Element zugeteilt mit dem Geschmack süß und der thermischen Wirkung neutral sowie dem Organbezug Magen und Milz und ist damit der Verdauung zuträglich.

Reis ist ein Basislebensmittel in der TCM.

38. Woche: Feigen

Porridge mit Feigen

2 Tassen Haferflocken, feine
2 Tassen Reismilch oder Wasser
2 Tassen Wasser
4 EL   Honig
4   Feigen
Je 200 g Granatapfel und Heidelbeeren

Die Haferflocken zusammen mit der Reismilch und/oder dem Wasser sowie dem Sesam in einen Topf geben. Den Brei kurz aufkochen lassen und bei kleiner Hitze weiterkochen, bis er eine festere Konsistenz hat. Obst für 1 bis 2 Minuten mitköcheln lassen.

Feigen haben aus Sicht der TCM einen süßen Geschmack mit dem Organbezug Magen und Milz und somit eine positive Wirkung auf die Verdauung. Sie wirken befeuchtend und harmonisierend und haben eine neutrale thermische Wirkung.

39. Woche: Paprika

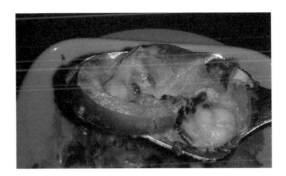

Paprikaauflauf mit Lachs und Garnelen

3	Paprikaschoten, rot und grün
1 kg	Blattspinat frisch
1	Gemüsezwiebel
2	Knoblauchzehen
250 g	Lachsfilet
200 g	Garnelen
½ Bund	Dill
½ Bund	Petersilie glatt
100 g	Saure Sahne
4 EL	Tomatenmark
2	Fleischtomaten
	Salz und Pfeffer, aus der Mühle
	Paprikapulver, süß & scharf

```
        Olivenöl
200 ml  Gemüsebrühe
1 Pck.  Mozzarella
```

In einer Auflaufform den Lachs mit den Garnelen, dem Knoblauch und den Zwiebelwürfeln in Öl andünsten. Paprikastreifen, Blattspinat gewaschen und verlesen und Fleischtomaten in Würfel dazugeben und kurz mitdünsten.

In der Zwischenzeit die saure Sahne mit dem Tomatenmark und der Gemüsebrühe verrühren, mit Pfeffer, Salz und Paprika würzen und in die Form über das Gemüse gießen. Mit Mozzarella belegen und bei 180 °C Umluft ca. 30 Minuten backen. Dill und Petersilie fein gehackt darüber streuen.

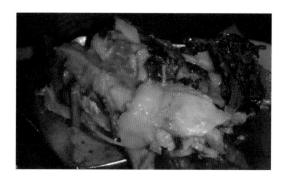

Paprika wirkt nach der TCM ebenso wie die Tomate und Gurke kühlend auf unseren Organismus, aber auch Körpersäfte aufbauend. Paprika ist geeignet bei trockener Haut oder trockener Verdauung.

40. Woche: Zwiebeln

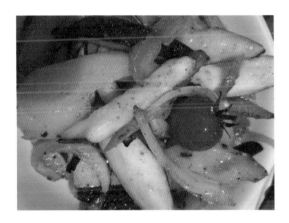

Gemüse-Zwiebel-Pfanne

6	Zwiebeln, kleine
100 ml	Gemüsebrühe
	Salz
150 g	Cherrytomaten
2	Paprika, gelb und orange
2	kleine Zucchini
2 EL	Schnittlauch, in Röllchen
2 TL	Kümmel, gemahlen
	Pfeffer, schwarz, aus der Mühle
20 g	Butter
4 EL	Tomatenmark, 3-fach konzentriert

Die Zwiebeln in der Pfanne mit zerlassener Butter und Tomatenmark anbraten. Paprika und Zucchini in Streifen und Cherrytomaten in die Pfanne geben. Würzen und 5 bis 7 Minuten mitdünsten. Schnittlauch darüberstreuen. Dazu können Kartoffeln oder Schupfnudeln gereicht werden.

Die Wirkung von Knoblauch und Zwiebeln nach der TCM:

Die thermische Wirkung ist wärmend bis erhitzend (Knoblauch ist erhitzender als die Zwiebel, die rohe Zwiebel ist erhitzender als die gekochte Zwiebel). Vorsichtig mit dem Verzehr, wenn du unter Hitze oder unter einem Yin-Mangel leidest, wenn du unter innerer Unruhe, starkem Zorn, hohem Fieber, Schlafstörungen, Nachtschweiß, Hitzewallungen, rotem Gesicht, trockener Haut und Schleimhaut und

wiederkehrenden oder chronischen hitzebedingten
Entzündungen leidest.

Der Geschmack der gekochten Zwiebel ist scharf
und süßlich. Der Organbezug besteht zur Lunge
(bei Husten und Infekten hilft dir Zwiebeltee), Milz,
Magen und Herz.

Sowohl Knoblauch als auch Zwiebeln unterstützen
die Qi-Bewegung und lösen einen leichten Stau
bzw. eine Qi-Stagnation nach zu viel Essen auf.

41. Woche: Äpfel

Gefächerter Apfel mit Haferflocken-Crunch

4 große	Äpfel
etwas	Butter für die Auflaufform
4 Handvoll	Haferflocken
eine Handvoll	Sesam
eine Handvoll	Mandelstifte
eine Handvoll	Leinsamen
4 EL	Honig (für den Crunch)
	Zimt
220 ml	Cashewmilch

2 TL	Speisestärke
½	Vanilleschote
4 EL	Honig (für die Sauce)

Pro Person einen Apfel schälen, halbieren und entkernen. Die Apfelhälfte eng nebeneinander bis 1 cm vor dem Ende einer Hälfte einschneiden, es entsteht ein Fächer.

Den Apfel in eine gebutterte Auflaufform für 20 Minuten auf der mittleren Einschubhöhe in den auf 180 °C Umluft aufgeheizten Backofen geben und bissfest backen.

In der Zwischenzeit eine Handvoll Haferflocken sowie Sesam, Mandelstifte und Leinsamen in einer Pfanne mit Honig rösten. Das macht den Crunch für den Apfel.

5 Esslöffel der Cashewmilch mit der Speisestärke glattrühren. Die übrige Cashewmilch, den Honig und das Mark einer halben Vanilleschote in einem Topf erhitzen. Die Speisestärke einrühren und auf mittlerer Hitze eine sämige Vanillesauce zaubern.

Den Apfel mit der Haferflockenmischung, der Vanillesauce und Zimt sowie auf Wunsch mit Haselnussstückchen und einer Himbeere servieren.

Schmeckt verdächtig gut ...

Der Apfel wirkt laut TCM auf das Magen- und Milz-Qi, wirkt somit auf die Verdauung, hat den Geschmack sauersüß, baut wertvolle Körpersäfte auf, bewahrt und tonisiert damit das Yin. Er ist ein wahres Mineralstoffpowerpaket, löst Trockenheit im Körper auf, klärt Hitze und leitet Nässe aus. Nässe möchten wir im Körper nicht

159

haben, da das ein Abfallprodukt des Körpers ist, das das schwache Milz-Qi nicht ausleiten konnte. Diesen „Dreck" möchten wir gerne aus dem Körper befördern, wobei der Apfel hilft.

42. Woche: Bohnen

Kartoffel-Bohnen-Eintopf

1 Glas	Bohnen, grüne
350 g	Mett
700 g	Kartoffeln
1 große	Zwiebel
1	Fleischtomate
	Olivenöl
	Bohnenkraut
	Liebstöckel
	Salz und Pfeffer
	Creme fraîche legere

Die Kartoffeln schälen, in Würfel schneiden und in einen großen Topf geben. Mit Wasser auffüllen und salzen, dann zum Kochen bringen.

In der Zwischenzeit Zwiebel klein schneiden, mit dem Mett in etwas Öl anbraten und mit den Bohnen und den Tomatenwürfeln sowie dem Bohnenkraut und dem Liebstöckel in den Topf zu den Kartoffeln geben. Ca. 25 Minuten auf niedriger Stufe köcheln lassen und mit Salz, Pfeffer und Creme fraîche abschmecken.

Bohnen unterstützen nach der TCM die Mitte, das Milz-Qi. Ohne ein stabiles gut fließendes Milz-Qi gibt es keinen stabilen Qi-Kreislauf im Körper, die Milz ist die Basis jeder Therapie. Deshalb sprechen Lebensmittel mit dem Bezug zu Magen und Milz besonders gut unsere Energie und Verdauung und den gesamten Qi-Kreislauf an.

43. Woche: Mais

Gemüsebackblech mit Mais und Feta

4 kleine	Maiskolben
2 mittlere	Zucchini
½	Blumenkohl
½	Netz Rosenkohl
½	Brokkoli
8	mittlere Kartoffeln
250 g	Feta
1	rote Paprika
	Salz, Pfeffer, Paprikapulver edelsüß
2 große	Knoblauchzehen
1	Gemüsezwiebel,

200 ml   Olivenöl

Ein Backblech doppelt mit Backpapier auslegen. Stücke vom Maiskolben, Zucchiniwürfel, kleine Blumenkohlröschen und kleine Brokkoliröschen mit roter Paprika vermischt auf dem Backblech verteilen und mit Salz und Pfeffer sowie Paprikapulver edelsüß würzen. Kartoffeln in kleine Spalten schneiden und alles vermengen. Feta in Streifen über das Gemüse legen. Olivenöl auf dem Backblech verteilen und das Blech bei 180 °C Oberhitze in die mittlere Schiene für 35 bis 40 Minuten in den vorgeheizten Backofen geben. Eventuell nach 25 Minuten mit Alufolie abdecken.

Der Mais hat nach der TCM eine thermisch neutrale Wirkung und unterstützt die Mitte, das Milz-Qi. Thermisch neutrale Lebensmittel sollten einen Hauptteil in unserer Ernährung ausmachen.

Ohne ein stabiles, gut fließendes Milz-Qi gibt es keinen stabilen Qi-Kreislauf im Körper, die Milz ist die Basis jeder Therapie. Deshalb sprechen Lebensmittel mit dem Bezug zu Magen und Milz besonders gut unsere Energie und Verdauung und den gesamten Qi-Kreislauf an. Alle Organe sind damit von einer guten Milz-Energie mit einem stabilen Milz-Qi abhängig. Die Verdauung wird durch ein verbessertes Milz-Qi gefördert.

44. Woche: Walnüsse

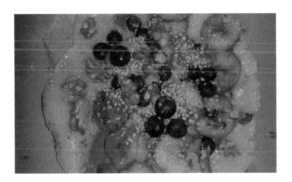

Pfannekuchen mit Walnüssen und Bananen

4	Bio-Eier
800 ml	Reismilch
500 g	Dinkelmehl 630 (je nach Bedarf und Dicke der Pfannekuchen)
1	Prise Salz
100 g	Walnüsse
300 g	Heidelbeeren
eine Handvoll	Sesam
2 große	Bananen
4 EL	Honig
einige Blätter	Zitronenmelisse

Pro Person je ein Ei mit einer Prise Salz und ca. 250 ml Reismilch und so viel Dinkelmehl 630 verquirlen, dass ein sämiger Teig entsteht (der Teig sollte nicht zu dünn sein).

Den Pfannekuchenteig in eine gefettete und erhitzte Pfanne geben. In den Pfannekuchenteig Heidelbeeren und Bananenscheiben sowie Walnüsse und Sesam legen. Ausbacken bei mittlerer Hitze und wenden. Mit etwas Honig süßen und mit Zitronenmelisse oder Minze bestreuen.

Walnüsse sind sehr nahrhaft, deshalb ist der tägliche Verzehr von einer Handvoll angemessen. Nüsse wirken befeuchtend, sollten somit von Menschen mit Ödemen eher gemieden werden, da Ödeme ein Feuchtigkeitsproblem zur Ursache haben. Wer unter trockener Haut leidet, kann täglich Nüsse essen, sofern keine allergische Reaktion dagegenspricht.

45. Woche: Schwarzwurzeln

Schwarzwurzeln mit Möhren und grünen Bohnen

1 kg	Schwarzwurzeln
1	Zitrone
250 ml	Milch
50 ml	Wein, weiß, trocken
250 ml	Wasser
250 g	Crème fraîche

2 EL	Butter
50 ml	Olivenöl
3	Knoblauchzehen
2 Zweige	Rosmarin
2 Zweige	Thymian
	Pfeffer, weiß
	Salz
	Muskat, Curry
	Schnittlauch, in Röllchen zur Dekoration

Zum Schälen der Schwarzwurzeln empfehle ich das Tragen von Gummihandschuhen, da die Schwarzwurzel bräunliche Flecken auf der Haut hinterlässt. Die Wurzeln unter fließendem Wasser abbürsten, mit dem Sparschäler schälen, direkt mit Zitronensaft beträufeln und ca. 5 Minuten in eine Mischung aus Milch und der gleichen Menge Wasser legen. Dadurch behalten die Schwarzwurzeln ihre eigentliche Farbe.

Die Schwarzwurzeln kalt abspülen und in einer Weißwein-Wasser-Mischung im geschlossenen Topf ca. 10 Minuten köcheln lassen. Wurzeln herausnehmen, Crème fraîche unterrühren und den Sud einkochen lassen. Mit Pfeffer, Salz, Muskat, Kräutern und Zitronensaft abschmecken. Schwarzwurzeln zurück in die Sauce geben, kurz aufkochen und mit Möhren und grünen Bohnen anrichten.

Die Schwarzwurzel wird dem Element Wasser mit der Jahreszeit Winter zugeordnet und damit der Niere. Die Schwarzwurzel ist ein Mineralstoffpaket

170

und kann in Suppen oder Eintöpfen mitgekocht oder als Gemüsebeilage verarbeitet werden. Schwarzwurzeln reichen tief in das Erdreich und vermögen in der TCM die Nieren zu kräftigen. In unserer heutigen Ernährung mit vielen tierischen Fetten, Aromastoffen, Zusatzstoffen, Fast Food, Genussmitteln, Hormonbelastung in der Nahrung, unregelmäßigen Mahlzeiten, fettreicher Nahrung, salzigen Mahlzeiten, hektischen Mahlzeiten mit Stress im Gehen neben dem Smartphone oder vor dem TV, einsamen Mahlzeiten ohne Genuss und fröhliches Miteinander ... tun wir gut daran, uns mit liebevollen Gerichten mit einer guten Nährstoffversorgung zu verwöhnen. Kräftige deine Organe statt sie zu belasten! Nikotin und Alkohol sowie Stress rauben uns Mineralstoffe!

46. Woche: Rote Bete

Rote Bete mit Bratkartoffeln und Feta

1 kg	Rote Bete, geschält und gekocht
200 g	Schafskäse
	Kresse
3 EL	Balsamico
10 EL	Öl
1 TL	Senf , Salz
1 TL	Honig

Rote Bete in Streifen schneiden, salzen und auf einen Teller geben. Die gewürfelten Schafskäsestücke und die Kresse dazugeben.

Für das Dressing Salz und Honig im Balsamico auflösen, den Senf und das Olivenöl dazugeben. Mit Bratkartoffeln anrichten.

Rote Rüben wirken nach der TCM Blut stärkend und haben einen Organbezug zu Leber und Herz. Sie sind thermisch neutral und damit bei innerer Hitze sowie auch bei innerer Kälte geeignet. Sie wirken verdauungsregulierend und Qi-bewegend.

47. Woche: Kürbis

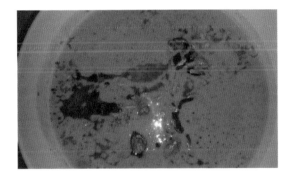

Kürbis-Karotten-Suppe

1	Hokkaido-Kürbis
500 ml	Gemüsebrühe
2	große Möhren
½	Stange Lauch
¼	Sellerieknolle
4	große Kartoffeln
1	Zwiebel
50 g	Schmand
	Kürbiskernöl
	Salz
	Pfeffer
	Muskat
	Kürbiskerne, Sonnenblumenkerne

etwas Olivenöl
Toast

Den Kürbis, die Zwiebel, Sellerie, Kartoffeln und Möhren in kleine Würfel, anschließend den Lauch in feine Ringe schneiden.

In einem Topf nun das Olivenöl erhitzen. Gemüse dazugeben und kurz andünsten. Dann mit Gemüsebrühe auffüllen, sodass das Gemüse leicht bedeckt ist.

Würzen. Sobald das Gemüse weich ist, Schmand dazugeben und mit dem Pürierstab alles cremig pürieren, eventuell noch etwas einkochen lassen, bis die gewünschte Konsistenz erreicht ist. Mit Salz, Pfeffer und Muskatnuss abschmecken. Mit Kürbiskernen, Sonnenblumenkernen, Kürbiskernöl und Petersilie garnieren.

Der Kürbis hat einen Organbezug zu Magen und Milz und stärkt damit unsere Basis. Kein Wohlbefinden ohne ein gutes Milz-Qi. Zudem baut der Kürbis das Blut auf. Das ist insbesondere für Frauen wichtig, da wir jeden Monat wegen unserer Menstruation Blut bilden müssen. Nach

Geburten, vor allem nach Kaiserschnitten, aber auch nach anderen Operationen leiden Frauen oftmals unter einem Blutmangel. Hier gilt es, das Blut wieder neu aufzubauen. Wie du bereits gelernt hast, sind die Symptome eines Blutmangels trockene Augen, Nachtblindheit, schlechter werdende Sehkraft, häufiges Augenkniepen, Anämie, trockene Haare, trockene Haut, rillige Nägel mit eingerissener Nagelhaut, instabiles seelisches Befinden, Müdigkeit, Schwäche, Erschöpfung ...

48. Woche: Ingwer

Kräuter-Ingwer-Gewürztee

2 dünnere	Zimtstangen
1	Bio-Zitrone
4 daumendicke Stücke	Ingwer
4	Rosmarinzweige

8 Blätter	Salbei
4 TL	Honig,
	Sternanis nach Bedarf

Eine Zimtstange, ein daumengroßes Stück Ingwer in kleine Stücke geschält, zwei Scheiben Bio-Zitrone, einen Zweig Rosmarin und einige Blätter Salbei in einen Becher geben und mit 300 ml kochendem Wasser übergießen. Wer mag, kann noch Sternanis dazugeben und den Tee mit etwas Honig abschmecken.

Frischer Ingwer wird gerne zur Immunsystemaktivierung bei beginnenden Infekten (Lunge), bei Übelkeit wie in Zeiten der Frühschwangerschaft, bei innerer Kälte und bei Verdauungsproblemen (Magen und Milz) eingesetzt. Die thermische Wirkung ist heiß. Da auch Zimt und Sternanis eine heiße thermische Wirkung haben, heizt dir dieser Tee richtig ein. Leidest du unter starker Trockenheit oder unter

Hitzewallungen, solltest du diesen Tee lieber meiden.

49. Woche: Weißkohl

Weißkohl-Pfanne

1 mittelgroßer	Weißkohl
400 g	Rinder-Hackfleisch
1	Zwiebel
2 große	Möhren
1/4	Sellerie
6 große	Kartoffeln
½ Bund	glatte Petersilie
	Salz und Pfeffer, frisch gemahlen
	Kümmel, Chili, Paprikapulver
	Olivenöl
	Creme fraîche legere

Weißkohl in kleine Streifen und Sellerie, Kartoffeln, Möhren und Zwiebel in kleine Stücke schneiden. In einer Pfanne mit etwas Olivenöl anbraten. In einer weiteren Pfanne das Hackfleisch mit etwas Öl anbraten. Das Hackfleisch mit Salz, Pfeffer, Chili, Paprikapulver und Kümmel würzen. Danach den Kohl zu dem Hack geben, gut durchrühren und ca. 20 Minuten dünsten. Etwas Creme fraîche legere dazugeben. Mit Petersilie bestreuen.

Der Weißkohl hat einen Bezug zu Magen und Darm, wirkt somit regulierend auf eine träge Verdauung, PMS (durch die Unterstützung der Qi-Bewegung) oder auf Magen-Hitze, welche sich in Gastritis oder Zahnfleischbluten äußern kann.

50. Woche: Knollensellerie

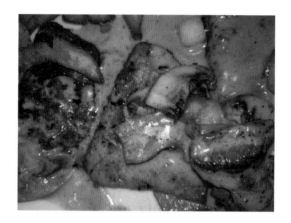

Sellerieschnitzel mit Pilzsauce und Süßkartoffelspalten

1	Knollensellerie
1	Zitrone
2	Eier
	Paniermehl selber in der Küchenmaschine mahlen
	Kräutersalz und Pfeffer
	Currypulver, Salz, Pfeffer, edelsüßes Paprikapulver
	Olivenöl
6	große Süßkartoffeln
	Champignons

	Basilikumpesto
	Creme fraîche Kräuter legere
½ Bund	glatte Petersilie
1	Zitrone

Die Süßkartoffeln in Spalten schneiden und auf das mit Backpapier ausgelegte Backblech geben. Mit einem guten Olivenöl übergießen und mit Salz und Pfeffer sowie Curry würzen. Ab in den auf 200 °C gut vorgeheizten Backofen auf mittlerer Einschubhöhe für ca. 20 bis 25 Minuten (je nachdem wie dick die Süßkartoffeln geschnitten waren, bitte den Garpunkt überprüfen).

Den Sellerie schälen und in ca. 1 cm dicke Scheiben schneiden (gutes Messer oder Brotschneider). Dann salzen, pfeffern und etwas ziehen lassen.

In der Zwischenzeit das Ei verquirlen und kräftig mit Salz und Pfeffer würzen. Den Sellerie durch das Ei ziehen, im Paniermehl wenden und in einer Pfanne mit Olivenöl bei mittlerer Hitze je nach Dicke etwa 5 Minuten pro Seite nicht zu heiß braten. Die Kruste sollte goldgelb knusprig sein und der Sellerie weich werden. Schnitzel herausnehmen und auf Küchenkrepp abtropfen lassen.

Den Bratensaft nicht wegschütten, sondern die Pilze in dem Bratensaft ca. 3 Minuten andünsten und mit Paprikapulver, Pfeffer, Kräutersalz und Curry würzen. Etwas Wasser in die Pfanne geben und Creme fraîche unterrühren.

Die Sellerieschnitzel mit den Süßkartoffelspalten und der Pilzsauce sowie einem Stück Zitrone, der Petersilie und dem Basilikumpesto anrichten.

Sellerie wirkt nach der TCM auf Milz und Magen und kann Hitze aus der Leber leiten, zum Beispiel bei Bluthochdruck.

51. Woche: Rindfleisch

Rindfleischsuppe

2	Beinscheiben vom Rind
2	Markknochen vom Rind
2 Liter	Wasser, kaltes
$^1/_2$ Knolle	Sellerie
2	Möhren
$^1/_2$ Stange	Lauch
1 große	Zwiebel
1 kl. Bund	Petersilie
4	Wacholderbeeren
	Rosenkohl
etwas	Salz und Pfeffer

Die Beinscheiben und Markknochen unter kaltem Wasser abwaschen und in einer großen Schüssel mit Wasser etwa 30 Minuten wässern, danach abtropfen lassen. Währenddessen das Gemüse putzen. Den Sellerie in etwa daumengroße Würfel, Karotten, Lauch und Zwiebel in etwa ½ cm dicke Scheiben bzw. Ringe schneiden. Rosenkohl komplett lassen oder halbieren, die äußere Hülle vom Rosenkohl sowie den gesamten Strunk entfernen.

Das Fleisch und die Knochen in einen großen Topf mit etwa 2 Liter kaltem Wasser aufsetzen. Wenn das Wasser anfängt, heiß zu werden, steigt Schaum auf, diesen abschöpfen und in den Abfluss gießen.

Sobald die Flüssigkeit kocht und kein Schaum mehr erscheint, können das Gemüse und die Wacholderbeeren, 1/2- EL Salz und etwas frisch gemahlenen Pfeffer zugegeben werden. Petersilie klein hacken und ebenfalls zugeben.

Etwa 5 Minuten bei starker Hitze kochen lassen, anschließend auf mittlere Stufe schalten und mindestens 2 bis 3 Stunden sanft köcheln lassen. Zum Ende hin die Beinscheiben und Knochen herausnehmen, das Fleisch würfeln. Fleisch zurück in den Topf geben. Besonders gut passen Nudeln, Reis oder kleine Kartoffelstücke dazu.

Die thermische Wirkung von Fleisch allgemein ist wärmend, von Rindfleisch neutral. Der Geschmack ist süß und der Organbezug ist Magen und Milz. Fleisch baut Qi, Yin und Yang sowie Blut auf. Damit wird ersichtlich, dass Fleisch insbesondere für Menschen mit Mangelerkrankungen, Kraftlosigkeit, Müdigkeit, Erschöpfung, Untergewicht, innerer Kälte und Schwäche geeignet ist, da es kräftigend und aufbauend wirkt. Aus diesem Grunde gibt es die Kraftsuppe während und nach zehrenden Erkrankungen. Wird zu viel Fleisch verzehrt, kann es zu Feuchtigkeitsansammlung, Schleimbildung und innerer Hitze im Körper kommen. Fleisch sollte eher gedünstet und geschmort statt kurz gebraten bzw. gegrillt werden. Dies gilt insbesondere bei Hitzetypen mit Symptomen wie Bluthochdruck, roter Kopf, erhöhte Cholesterin- und Blutfettwerte, Arteriosklerose, Choleriker ...

52. Woche: Kurkuma

Curry-Kurkuma-Suppe mit Herztoast

1	Zwiebel
500 ml	Gemüsebrühe
2 große	Möhren
½ Stange	Lauch
¼	Sellerieknolle
4 große	Kartoffeln
75 g	Creme fraîche legere oder saure Sahne oder Schmand
2 TL, gehäuft	Currypulver
	frisch geriebener Kurkuma nach Geschmack
	Salz
	Pfeffer
	Muskat
2	Lorbeerblätter

etwas	Basilikum
etwas	Olivenöl, Toast

Die Zwiebel, Kartoffeln, Sellerie, Lauch und Möhren in kleine Würfel schneiden.

In einem Topf nun die Butter erhitzen. Gemüse und Lorbeerblätter dazugeben und kurz andünsten. Dann mit Gemüsebrühe auffüllen, bis das Gemüse leicht bedeckt ist. Sobald das Gemüse weich ist, Lorbeerblätter entfernen, saure Sahne und Curry dazugeben und mit dem Pürierstab alles cremig pürieren, eventuell noch etwas einkochen lassen, bis die gewünschte Konsistenz erreicht ist. Mit Salz, Pfeffer, Kurkuma und Muskatnuss abschmecken.

Kurkuma ist nach der TCM thermisch erwärmend, hat einen bitteren Geschmack und wird dem

193

Feuer-Element zugeordnet. Ebenso wie Zimt und Ingwer wird er in getrockneter Form oft in chinesischen Heilkräutern eingesetzt. In dieser getrockneten Form ist seine Wirkung viel stärker als in frischer Form. Er wird empfohlen bei Entzündungen und Magenproblemen. Zudem wirkt Kurkuma antioxidativ und keimtötend.

Printed in Poland
by Amazon Fulfillment
Poland Sp. z o.o., Wrocław

82083877R00119